U0135070

殖民地●台灣　左翼政治運動史論

陳芳明

本書榮獲
一九九八年聯合報讀書人
最佳書獎非文學類

陳芳明作品集【文史卷】3

殖民地台湾——左翼政治運動史論

Colonial Taiwan: Historical Essays on the Leftist Political Movement, 1920-1931

作者：陳芳明
責任編輯：胡金倫
發行人：涂玉雲

出版：麥田出版
城邦文化事業股份有限公司
100台北市中正區信義路二段213號11樓
電話：02-2356-0933　傳真：02-2351-9179、02-2351-6320

發行：英屬蓋曼群島商家庭傳媒股份有限公司城邦分公司
104台北市中山區民生東路二段141號2樓
E-mail：cs@cite.com.tw
劃撥帳號：19833503 英屬蓋曼群島商家庭傳媒股份有限公司城邦分公司

香港發行所：城邦（香港）出版集團有限公司
香港灣仔軒尼詩道235號3樓
電話：2508-6231　傳真：2578-9337
E-mail：hkcite@biznetvigator.com

馬新發行所：城邦（馬新）出版集團【Cite (M) Sdn. Bhd. (458372U)】
11, Jalan 30D / 146, Desa Tasik, Sungai Besi, 57000 Kuala Lumpur, Malaysia.
電話：603-9056-3833　傳真：603-9056-2833
E-mail：citecite@streamyx.com

印刷：禾堅有限公司
初版一刷：1998年10月1日
二版一刷：2006年1月1日

售價：300元
ISBN：986-173-022-2

COLONIAL TAIWAN

HISTORICAL ESSAYS ON THE LEFTIST POLITICAL MOVEMENT, 1920-1931

FANG-MING CHEN

思考的斷裂點
——《殖民地台灣》自序

最早接觸到左派思想的書籍，是一九七四年秋天初抵美國的時候。現在回顧起來，二十餘年的時光已經流逝。當時的讀書環境，與今天開放的台灣社會比較起來，簡直是封閉而保守。不過，在一個到處是充滿禁忌的時代裏，祕密閱讀有關社會主義的書籍，自然富有叛逆與抵抗的意味。已經記不清楚第一冊拿到手上的馬克思讀物是什麼，但可以確信的是，在形塑我思考方式的過程中，那是非常重要的再出發。

我正式研究日據時期的台灣左翼政治運動，則是始於一九八〇年。那時，我投入海外政治運動已經相當深沉。對於台灣的政治困境，我總認爲可以依賴時間來解決。然而，對於台灣歷史文化的問題，我認爲必須具備更爲執著而持續的人文關懷。我從來沒有天眞地迷信過，政治可以解決一切問題。到今天，我還是持這種看法，這也解釋了爲什麼我會與一些政治人物終於宣告分手的原因。不過，關懷台灣的人文議題，並不表示必須從左翼研究著手。我會選擇走上研究左翼運動史的道路，似乎有必要做一些說明。

當我開始學習如何思想的時候，應該承認的是，我與我同時代的知識分子沒有兩樣，都是以自由主義爲主要觸媒。那時，我還是一個歷史系的學生，在六〇年代的台灣社會猶豫徬徨。自由主義的思潮在那段時期特別蓬勃洶湧。從李敖主編的《文星》月刊所受歡迎的程度，大約可以測知當時自由主義風氣的流行。我在大學時代熟讀胡適的作品，後來又旁及殷海光、李敖等人的文字，才漸漸能夠理解自由主義的精神。這種右傾的思考，其實是不見容於當時的執政者。存在於台灣的國家機器固然是徹底站在反共的立場，但這並不意味它是傾向於支持自由主義的。由於這個統治機器帶有過分濃厚的法西斯主義性格，它對任何有違其基本國策的思想都一律予以查禁或鎮壓。因此，在那個找不到任何思想出口的年代，研讀自由主義色彩的雜誌與專書，雖然不能誇張地說是具有批判的精神，至少也已粗具一些政治上的膽識與勇氣。

大量蒐集胡適、殷海光等人的作品，是不是預告了我日後之朝向政治的道路，至今還是不能夠有明確的論斷。我在出國之後，就慢慢與胡適思想有了疏離。會發生這樣的疏離是有理由的，因爲在七〇年代中期以後我便專注於閱讀魯迅的全集。通過魯迅的思考，我被引導去涉獵社會主義思想的書籍。深埋在我腦海裏從未開發過的思維方式，從此有了出土的機會。

自由主義的最高目標，在於求得個人的解放；而社會主義的理想，則在於尋找階級解放的途徑。自由主義偏向於注意個人與政治權力之間的消長關係，社會主義則強調政治結構與經濟基礎之間的互動關係。最初，我很難理解社會主義究竟是在討論什麼。長期浸淫在反共教育與右傾思考裏，要找到認識右翼思想的突破點，並不是一件容易的事。對我而言，《馬克思選集》或《列寧選集》是屬於生硬的書籍。使我開始能夠理解，都是透過一些入門書籍的媒介。讀過數册有關政治經濟學批判的小書之後，再進一步閱讀《共產黨宣言》與《帝國主義是資本主義發展的最高階段》時，我似乎已能推想產生這些文字的社會背景與歷史情景。

如果說，左翼思考方式於我是一個新的出發點，那麼在我知識追逐的歷程上到底代表了怎樣的意義？我想這不僅僅是治學方法上的一種轉向，而且也是我整個政治立場上的一次斷裂。就治學方法而言，我過去只是耽溺於史料的堆積與考據，或者是以史料來解釋史料。接觸左翼思想後，我不再迷信史料高於一切，而漸漸注意到史料背後所暗示的歷史條件與社會結構。我開始警覺到，歷史上的政治事件往往可以聯繫到經濟性質與階級因素。這樣的思考，爲我的知識訓練帶來新的紀律。我不再認爲，政治運動是由少數人領導的，而是取決於歷史與社會條件的要求。能夠這樣去看待歷史問題時，我已經揮別了台灣歷史教育的陰影了。

就政治立場而言，我從前都謹守著改良主義的路線。所謂改良主義，無非是傾向於維護既得利益的階級，並且側重在合法的(legitimate)、溫和的漸進改革。這種格局的思考方式，使我不敢挑戰國家認同，不敢介入反對運動，不敢關心弱勢階級。如果一個社會的法律規範與道德標準，只是在爲特定的階級服務，則所謂合法豈非就是合乎一個特殊階級的要求？左派的思考，開啓了我這方面的疑問。一旦在內心這樣追問自己，我意識到一場思想風暴已隱隱在釀造孕育了。投入海外政治運動時，我會把興趣放在日據時代的左翼思潮之上，絕非是偶然的。

我最初研究的第一位左翼運動者，便是台灣共產黨黨員蘇新。獲知他的名字，並非來自我所蒐集的史料，而是來自陳若曦在一九八〇年發表的一篇小說〈老人〉。這位老人在中國文革時期不斷寫自白書，只爲求得政治上平反。那種驚心動魄的時代浪潮，使一位參加過台灣左翼政治運動的台灣老人，在中國的大海裏飄盪浮沉。這篇小說暗藏的歷史問題，逼我去認識台灣的政治前途。我的台灣史啓蒙老師史明，有一次在談話時提起這篇小說。他說，這位老人便是台共領導者蘇新。他的提示引發我無限的好奇，而終於讓我完成了一個長篇的蘇新傳記研究。

辨讀蘇新的史料時，我並不認爲自己只在理解一位政治人物的生平，而毋寧是讓我開啓一扇巨大的歷史閘門。我第一次感受到歷史探險的滋味是什麼，也第一次體會到殖民地經驗的苦澀與荒涼。藉由蘇新的生命歷程，我發現了台灣共產黨的興亡始末；同時，也經由台共的盛衰史，我理解了女性領導者謝雪紅的角色與地位。這種覺悟是緩慢卻篤定的，最後還催促我完成一部《謝雪紅評傳》。

我的左翼政治運動史研究，前後橫跨了十餘年的光陰。如果沒有經歷如此漫長的洗禮，我是不可能建立自己的台灣史觀，也不可能擴張自己的視野注意到台灣左翼文學的存在，更不可能逼迫自己去研究女性主義與後殖民主義的理論。我在一九六五年進入歷史系讀書，如今卻在中文系執教。三十年的旅路，發生太多的轉折變化。在我的同輩朋友中，像我的生活如此複雜而跌宕，可謂絕無僅有。這段劇烈起伏的經驗，有困境，有磨鍊，也有掙扎。這是永無止境的遠行，不斷在向我的昔日告別。走到那麼遙遠的地方之後，我知道生命中總是有那樣一個決裂點。這一個決裂點，我可以確切指出，那就是七〇年代第一次捧讀左派書籍的剎那形成的。剎那的火花，改寫了全部的生命。

——一九九八年七月十八日　台北

目錄

殖民地●台湾　左翼政治運動史論

第一章
左翼史觀的追求與塑造

後冷戰時期的左翼研究

台灣左翼運動史的研究，逐漸有萌芽的跡象。這種轉變，自然與客觀政治環境的調整有密切關係。戒嚴時期與動員戡亂時期的相繼告終，使台灣的言論與思想空間獲得前所未有的擴張。過去被劃爲禁區的左翼史領域，次第受到研究者的突破。有關左翼史的解釋，雖然還未蔚爲風氣，但是這方面的討論畢竟慢慢浮現了。

不過，左翼史在朝向開放的同時，相當程度的挑戰也隨之而來。在國際社會進入後冷戰時期的階段，蘇聯、東歐的共產陣營逐一瓦解崩潰，這種現象對左翼史研究構成了不利的條件。隨著社會主義政權的垮台，許多台灣知識分子不免對馬克思主義產生懷疑，從而對於左翼思潮發展史也輕啓鄙夷之心。有一種流行的看法是，社會主義在人類歷史上既然是失敗的，這樣的思想似乎並不值得去探討。

對台灣知識分子而言，抱持如此的態度，當然是很不幸的。過去四十餘年中，高壓的反共政策迫使知識分子放棄社會主義的信仰，並且對馬克思主義予以敵視、排斥。不僅如此，有不少人因爲左傾的緣故，遭到誣控、監禁、槍決。凡涉及左翼思想的書籍文字，都毫無例外受到查禁。在漫長的白色恐怖時期，社會主義在島上可以說被清除得無跡可尋，幾乎很少有人獲得機會去接觸左翼思想。

如今，禁區已經被突破了，社會主義反而普受貶抑，台灣知識分子終於還是錯過認識左翼思想的機會。當人類開始迎接後冷戰時期之際，左翼史研究還有必要去注意嗎？從台灣史重建的觀點來看，顯然是有必要的，而且是非常迫切的。

第一，社會主義的堡壘雖然在世界各個角落傾塌，中國社會主義政權仍然還繼續存在。台灣海峽對岸的中華人民共和國，是一可畏的鄰國。它不僅在政治、經濟上有可能危及台灣，就是在文化方面也積極採取進犯的姿態。北京的決策者，有計畫、有系統地對台灣文學、台灣史學建構一套周密的歷史解釋。中國學者在採取左派觀點，分析台灣歷史過程中的政經結構，企圖剔除台灣與中國社會之間的歧異史實，而刻意強調兩個社會有同質性格，並進一步聯繫到「台灣是中國一部分」的北京對台政策。以研究台灣共產黨史爲例，中國學者既解釋台灣左翼受中共的領導，又宣稱台共的成立係中共一手扶持。在這樣的解釋裏，中共的新民主主義史觀是僵硬地套用在台灣歷史之上。中國學者的研究，全然不符史實，並且也非常違背學術的紀律。面對如此嚴重的錯誤，台灣對於左翼史的研究是不能不及時著手進行的。只有在確立台灣本身的史觀之後，才有可能批駁來自中國的挑戰。

第二，由於島內思想與言論尺度的放寬，台灣的統派學者終於不再掩飾他們對北京政權的靠攏。在教條的政治信仰指導下，他們也採取一種貌似社會主義的觀點來解釋台灣歷史。基本上，在這方面的研究，「統」的味道遠遠超過「左」的精神，政治氣息則高高凌駕於學術訓練之上。統派歷史解釋的重點，無非是呼應北京對台政策。依照那樣的史觀，台灣的左翼運動幾乎就是中國革命的下游，台灣社會簡直是依附中國的陰影而成長的。中共地位受到無上的尊崇，凡不利於北京的史實都受到精心的掩蓋與擦拭，台灣歷史人物如果受到肯定的話，並不是因爲他們有自主性的理想與行動，反而是由於中共的支配與指揮。台灣左翼史在這種摧殘式的拼湊之下，其面目全非的程度，可謂不堪辨識。統派的歷史解釋，是僞民族主義，也是僞社會主義的；其眞正面目，只不過是爲中共的政治目的效勞服務。這種來自台灣內部的輕侮，對左翼史研究所造成的扭曲，並不亞於來自中共的蠻橫解釋。要維護台灣史實的正確性，要保存台灣學術的自尊，左翼史的重建顯然無可拖延。

第三，台灣史學之成爲顯學，無疑是必然的趨勢。自一九八〇年以降，全新史料的不斷浮現，協助學者驅除許多盲點，長期受到統治者操控的歷史解釋，似乎已到了需要全盤翻新的階段。無論是日據的殖民時期或戰後的戒嚴時期，統治者的極右立場對台灣史研究有過巨大的影響。爲了鞏固權力基礎，他們偏重於資本主義對台灣社會的改造，藉此將其統治意志灌輸於歷史解釋之中。依照這種推理，唯一對台灣社會有貢獻的，就只剩下與統治者合作的資本家。整個推動歷史的力量，是以上層結構爲重心。如果統治者的歷史解釋可以成立的話，則廣大的台灣民衆在歷史過程中的地位是無足輕重的。這種右翼史觀，事實上，是封建帝王史觀的一種變相延續。帝王史觀的建立，便是有意把歷史發展的次序顚倒過來。左翼史觀的追求，就在於把顚倒的歷史重新顚倒過來，使史實眞相得到平衡的看待。社會的進步力量，絕對不是任何單一階級能夠醞釀的，必須是社會集體的力量才能造成。台灣史研究長久以來僅習慣右翼的解釋，這種習性，蒙蔽了後人對全盤史實的認識。在台灣史研究開始邁向全盛時期之前，左翼歷史的探索也應同時受到重視。

第四，左翼史研究具有文化批判的意義。台灣知識分子奢談消費社會與後現代主義之際，似乎對整個歷史結構缺乏分析、透視的能力。基本上，台灣社會的形成過程，全然脫離不了殖民地的性格。即使在太平洋戰爭結束後，日本殖民時期中斷，但在中國落後政權統治下，台灣社會其實進入了另一階段的後殖民時期。從政治、經濟、社會制度，一直到有關歷史、文化的政策，仍然強烈存留著殖民統治的跡象。有自主性的殖民地知識分子精神，便是孕育濃厚的抵抗文化與批判文化。台灣左翼運動遺留下來的批判傳統，在後殖民時期的今天仍然寓有高度的暗示。尤其是北京企圖在台構築代理人政權的事實，使台灣知識分子產生自覺，而這樣的自覺與左翼傳統是可以密切結合起來的。「台灣民族」、「台灣獨立」、「台灣革命」的主張，是左翼運動提出來的；面對著中國帝國主義的野心，以及在台統治者的投降心態，這些主張還是帶有強悍的現代性。因此，台灣左翼史的研究，是改造殖民文化時不可偏廢的重要工作。

意識形態光譜的辨認

台灣左翼史的探索，離不開對思想傳播、領導人物、經濟結構、政治事件、社會分析與國際關係的研究。這種種層面的問題，都是相互銜接重疊的。無論從任何一個層面下手研究，都會牽涉到另一層面的問題。

以馬克思主義在台灣的傳播爲例，一般都是以留學日本與中國的台灣知識分子爲兩大主軸，以他們在留學時期組成的政治團體做爲探討的對象。這樣的方式，自然有其史實根據。馬克思主義之所以能夠介紹到台灣，全然是經過留學生的管道。從一九二〇到一九二七年，日本正處於大正民主時期，而中國也正在國共合作時期，兩地對左翼思想都採取寬容的政策。中日兩地的台灣留學生，在言論自由的氣氛下，有充分的機會學習社會主義並加入左翼團體。他們回到島內時，紛紛投入本土的抗日運動，同時也引進了他們所信仰的社會主義思想。但是，在台灣社會內部，介紹進來的社會主義是如何傳播的？這樣的傳播對當時的政治運動、文化運動產生何種程度的影響？這些問題，在目前左翼史的研究中，還沒有深入的討論。

同樣的，對於左翼領導人物的研究，到現在也還是相當荒蕪的。由於右翼史觀長期支配史學界，有關右派組織及其領導者的研究較居優勢。這種偏頗的現象，往往蒙蔽了史實的澄清。事實上，台灣抗日知識分子之所以能建立其歷史地位，並不全然以右翼運動爲主。在二〇年代至三〇年代，反抗日本殖民體制最強悍、最激烈的，當推左翼運動者。他們所受的鎭壓、迫害，不是任何一個政治團體能夠比擬；因爲，他們開創的格局與傳播的思想，超過了殖民統治者的想像。討論這些人物時，「左翼」的定義可能需要做一些釐清的工作。

在左翼陣營裏，「左」一直是一個困擾的問題。以台灣共產黨爲例，謝雪紅與蘇新比較的話，前者是漸進派，後者則是激進派。所謂激進是屬於基本教義型的人物(fundamentalist)，講究純粹的意識形態，拒絕與其他階級或政治團體合作，強調革命的唯一力量是以工農大衆爲中心。漸進派則相信革命手段是可以實現的，同時是由工農階級來領導的，但是他們主張與民族資本家合作的聯合陣線。在這點上，激進派與漸進派有了重大分歧。蘇新與謝雪紅的分裂，肇因於此。前者指控後者是「機會主義者」，而後者則反控前者是「盲動主義者」。謝雪紅雖然被認爲不夠「左」，但對連溫卿來說，謝雪紅則又被劃爲極左。同樣的，與謝雪紅比較而言，連溫卿自然不夠左；但對蔣渭水來說，連溫卿又太左了。這種意識形態光譜的程度不同，往往導致左翼陣營的不斷分裂。這種情況也可在右翼運動裏發現，蔣渭水被連溫卿歸入右派，但蔡培火則視蔣渭水爲左派。台灣民眾黨的領導階層最後宣告不合，就是在左右問題上劃清了界線。

如果要以簡單的圖解來標示意識形態光譜的話，那麼以下面幾位政治人物爲代表，大約就可窺見概況：

	左翼			**右翼**	
思想光譜	激進派	漸進派	調和派	中間偏左	極右派
代表人物	蘇新	謝雪紅	連溫卿	蔣渭水	蔡培火
政治主張	立即革命	準備革命	革命未成熟	革命／議會	議會路線

領導階級	運動策略
工農	拒絕聯合陣線
工農	可與資產階級合作
工農	可與資產階級合作
資產階級	可與工農階級合作
資產階級	拒絕聯合陣線

這份簡表只是一種化約式、方便式的圖解，尚不足以辨明其間的複雜背景與矛盾衝突。不過，左、右的最大分野，恐怕就在階級立場與革命主張之上。列舉的政治人物裏，比較麻煩的可能是蔣渭水。從參加文化協會開始，到組織台灣民衆黨爲止，蔣渭水的階級屬性都站在資產階級方面，但他的意識形態卻經過幾次轉變。到了生命後期，蔣渭水幾乎贊成台共所主張的革命觀點，認爲資本主義已經進入了第三期，亦即強調台灣社會已到了革命的前夕。在討論左翼運動時，是不是也可把蔣渭水劃入左派領導者？這是一個相當爭議性的問題，似乎不能遽下論斷。不過，研究馬克思主義的傳播時，就不能避開蔣渭水接受左翼影響的事實不談。總之，對左派人物的考察，必須以較爲寬廣的角度來檢驗其意識形態，無需受到日據時期派系分立的影響，而阻礙研究者對整個運動的全盤認識。

民族立場與階級立場

在左翼史的研究中，一個普遍遇到的棘手問題，也許是民族原則與階級立場之間的糾葛。前面提過，馬克思主義引進台灣是經過留學日本與中國的台灣知識分子的管道。這兩條路線，分別與日本共產黨、中國共產黨扯上關係。在二〇年代國際共產主義支配的時期，台共應該接受日共的領導。在戰略上，台共無需聽命於中共的指揮。由於日共遭到逮捕、監禁、審判導致整個組織的潰滅，台共與日共的聯繫遂告中斷，而不得不與中共有策略上的往來。太平洋戰爭結束後，中共建國成功，日共革命失敗，歷史發言權才有了高下之分。藉其建國的盛勢，中共企圖把台共歷史納入中共革命運動的脈絡裏。

中共學者討論台灣共產黨時，並不是站在社會主義者的立場，而是有意以民族主義來解釋。因爲，從革命策略、革命對象與革命終極目的來看，中共與台共可以說很少有相通之處。中共要推翻的政權，是帝國主義在中國的代理人國民黨政權；台共要革命的對象，則是殖民台灣的日本總督府。中共革命的終極目的，無非是統一中國境內的各民族；台共的最高目標，與中國統一無關，而是追求台灣獨立。台共的綱領裏雖有「擁護中國革命」的主張，但那是站在國際共產主義的立場提出的，並不是在強調民族感情。在台共主張中，也同樣出現「反對鎮壓日本、朝鮮無產階級的惡法」等等的訴求，這也是國際主義的另一延伸。然而，中共學者似乎特別珍惜台共「擁護中國革命」的綱領，完全無視其他的戰略要求。

中共誠然協助過台共，但那並不基於民族的感情，只不過是受到莫斯科第三國際的命令去執行的。也就是說，這種協助是當時流行的國際主義精神。在整個中共黨史上所出現的綱領中，從來沒有制定過「解放台灣」或「統一台灣」之類的口號。如果有的話，那是一九四九年中共建國以後的事；在此之前，歷史並不是那樣發生的。

相對於中共的聯繫關係，台共反而與日共是比較接近的。島內的左翼思想、組織、行動，受到日本左派的衝擊很大。一般討論台灣文化協會在一九二七年的分裂時，大多會聯想到同一年的國共分裂。這方面的關係自然是有的，但還不如受到日共分裂的影響那麼大。日共史上「福本主義」與「山川主義」的對峙抗衡，對台灣左翼造成相當程度的衝擊。福本和夫的精粹主義與山川均的解消主義，一直困擾著台灣左翼領導人，最後由於謝雪紅的調和兩種理論而稍獲解決。不過，何謂福本主義，何謂山川主義，到現在爲止，台灣還沒有產生令人滿意的研究，這個主題頗值得更深入去討論。

台灣左翼的日本關係，並不止於此。受到台共領導的台灣農民組合，絕對不是在島內孤立發展的。它與日本國內的農民組合有密切聯繫，同時與日本的勞動農民黨有指導關係。這個問題並沒有受到注意。日本著名的農民運動辯護律師布施辰治，在一九二七年來台灣爲二林蔗農事件伸張正義，對台灣農民運動的啓發，可謂至大且鉅。布施辰治的角色，在台灣史研究上也並沒有獲得恰當的重視。至於台共與日共領導人的聯絡，如渡邊政之輔、佐野學、德田球一等，都有清楚的史實可供探究。反觀台共與中共領導人的關係就顯得隱晦不明。唯一較爲密切的，當推瞿秋白。不過，中共學者對於瞿秋白與台共之間的關係始終沒有清楚的交代，至今仍啓人疑竇。以史實來印證的話，台共與中共的關係並非如北京學者所說那麼緊密。兩黨之間不僅是疏離的，而且還是相互對抗的。這點可以從謝雪紅與台共內部傾向中共者之間的緊張對立，獲得具體的證明。任何膨脹中共對台共領導的說法，或者捏造台共接受中共指揮的說詞，都是不合史實的。

強調台共與日本較爲接近，乃是脗合客觀事實的。日共對台共的領導與支援，一方面是基於國際共產主義的戰略，一方面則是出自於階級立場的要求。當時台灣雖是日本的殖民地，日共並沒有因此就主張「台灣是日本的一部分」；相反的，在其綱領上，還支持台灣應該追求民族獨立。做爲眞正的社會主義者，日共始終保持鮮明的政治立場，認淸日本是帝國主義者的本質，同時也沒有忘記台灣是被壓迫的弱小民族。所以，莫斯科的第三國際雖然規定日共對台共的領導，這個事實並沒有使日共擺出篡改史實的粗暴態度。對二〇年代的社會主義者來說，國界是可以超越的，而階級立場卻必須嚴格遵守。處在同樣受到日本帝國主義與資本家欺壓的情況下，日本與台灣的無產階級運動者是可以合作的。依照同樣的信念，台灣無產階級運動者當然也會尋求與中國社會主義者合作。中共史觀的錯誤，就在於企圖利用這種「合作」的史實，偷渡它在現階段對台政策中所強調的民族主義；甚至還無限誇張這種民族主義，矮化台共在歷史上的地位。

台灣共產黨徹底實踐了第三國際的策略與社會主義的精神。對台共成員而言，中華民族主義在台灣革命運動中，根本是不存在的。如果民族主義能武裝反抗行動的話，那絕對不是中華民族主義，而是台共黨綱高舉的台灣民族主義旗幟。在殖民地社會裏，所有的階級都受到壓迫；包括民族資本家在內，都無法遁逃於帝國主義的經濟掠奪。因此，在反抗帝國主義時，台灣各階級的成員都站在被壓迫的立場上，建立共同命運的意識。以同受壓迫的意識為基礎，台共在運動中發展出台灣民族的理論。這使得台灣革命的主張獲得了精神上的依據，也就是說，台灣殖民地的民族立場與階級立場是並行不悖的。在民族內部，階級之間的矛盾是可以克服的；但在對外關係上，台灣民族與日本帝國主義之間屬於敵我矛盾，是不能妥協，也是不能解決的。唯一可以克服這種矛盾的途徑，就是訴諸於台灣革命。只有在左翼意識形態、政治立場與革命策略等問題釐清之後，中華民族主義在台灣史學中的巫魅才能眞正袪除。

平衡右翼史觀

自一九四九年國共僵持對峙以來，台灣史研究之遭到官方權力的干涉，是很深遠的。白色恐怖對左翼思想的肅清，使得台灣史領域嚴重向極右的歷史解釋傾斜。客觀的政治環境，終於規定台灣學者集中注意力於日據時代合法政治團體的活動。分裂前的台灣文化協會、台灣民衆黨、台灣地方自治聯盟等，這些組織都從事於體制內的改革，其領導者大多支持和平、合法的議會路線。國民黨來台接收後，對於曾經參加過右翼團體的人士雖然抱持敵視，但較諸對待左翼人士的態度還來得溫和。以林獻堂爲例，他受到陳儀政府與陳誠政府的羞辱，不過並沒有受到監禁。同樣的，台灣地方自治聯盟之一的蔡培火，最後還享有國策顧問的地位。他們的命運，並沒有像左翼人士那樣艱難。這種背景因素，使右翼人士至少保留了一些歷史發言權。他們在戰後留下大量的回憶錄與歷史資料，爲右翼史的研究提供有利的客觀條件。史料上的方便，也使後來的學者有較爲從容的空間進行研討。

這種向右一面倒的現象，固然保留了日據時代的部分歷史。但是，偏頗的引導終於也製造了錯誤的印象。後人以爲，日據時代的反抗運動是以右派政治人物爲領導中心；並且還以爲，台灣抗日運動都是走體制內改革的議會路線。甚至有一些看法認爲，右翼運動都是祖國派，都是擁護國民黨的領導。奇怪的歷史解釋，最後都被整編到戰後官方的右翼史觀。對台灣史學的傷害，莫過於此。

在現階段，提倡左翼史的研究，不僅是要解釋台灣社會的性質，同時，也是爲了平衡失去準確性的右翼史觀。近年來建立台灣主體性的主張越來越升高。既然要談主體性(subjectivity)，就不能只照顧到片面的主體，還必須要注意歷史的整體性(totality)。重建台灣史的主體與整體，就有必要在右翼史受到重視之際，再進一步去探索左翼史。左右合觀起來，歷史的眞貌就會從中產生。

邁入全球的後冷戰時期後，在台灣的知識分子可能需要比任何一個地區還更迫切去了解左翼史。奪回被剝奪的歷史發言權，才是對強權統治的最好答覆，也是對失落的歷史鏈鎖做最好的銜接。左翼史觀的尋求與重建，代表了台灣知識分子的反省。

第二章
謝雪紅的俄國經驗與台灣革命

引言

謝雪紅的俄國經驗，是台灣抗日運動無可分割的一部分。這樣的經驗牽涉到日據時代台灣左翼陣營裏的分合，也牽涉到中國與日本革命運動的消長，更牽涉到台灣共產黨與中國共產黨的互動關係。如果沒有謝雪紅的留學莫斯科，以及她對革命路線的實踐與堅持，台灣共產黨能否在一九二八年順利建黨？能否使台灣政治運動提升到革命的層次？能否使台灣的反帝國主義運動成爲世界革命的一環？這些問題都是值得懷疑的。

然而，謝雪紅的重要性在台灣歷史中一直是隱晦不明的。她受到忽視的原因很多，最主要的是有關台灣社會主義的研究始終是一個禁忌❶。其次的原因，便是她一生都扮演了反叛性的角色，全然不能得到擁有歷史撰寫權的統治者的重視❷。以粗糙的方式來看待謝雪紅，並不能全面了解台灣現代史發展的過程。謝雪紅所領導的政治運動，代表了一九三〇年代全球反抗帝國主義浪潮的一部分，也代表了台灣殖民地社會拒絕接受資本主義支配的一股抵抗力量。即使在半世紀以後的今天來看，謝雪紅的歷史意義仍然對現階段台灣社會具有高度的啓發作用。

到莫斯科東方大學留學，使謝雪紅有機會接受第三國際(The Third Communist International)指導。在那裏，她認識到殖民地與民族問題的關聯性、認識到台灣社會必須走向革命的道路、認識到台灣無產階級是革命運動的主要力量，也認識到以農民、工人爲主體的政治運動必須聯合台灣社會各個階級的力量。因此，她的俄國經驗確立了她日後領導運動的一些方向，在民族的問題上，她主張台灣獨立。在戰略的問題上，她排除改良主義的民主運動，認爲台灣必須經過革命的手段才能找到出路。在戰術的問題上，她了解農民與工人的力量不足以對抗日本殖民統治者，而應該結合民族資本家，小知識階級、地主、知識分子，共同追求台灣民族的解放；因此，她堅持走聯合陣線的政治路線。

謝雪紅的革命運動，最後並沒有成功。她沒有成功，是因爲台共分裂了，然後又受到日警的鎮壓。台共建黨三年之後，便面臨分崩離析的局面，謝雪紅也被迫入獄，她的政治主張最後仍然停留在理論的階段。有關這方面的討論，筆者都寫進即將完稿的《謝雪紅評傳》裏。本文的目的，將只側重在謝雪紅與俄國第三國際的關係，並考察第三國際對日據時代台灣民族革命運動的影響。

到莫斯科的道路

一九一七年俄國革命成功之後，世界各弱小國家的政治運動者都受到很大的衝擊。所有關於革命理論的爭議，至此都宣告中止。因爲，俄國革命已經成爲一個典範，它的成功既然是一個事實，再也沒有任何雄辯的理論可以駁倒的了，由於俄國是一個典範，也是一個希望，十月革命成爲許多反帝國主義運動效法的對象。因此，國際共產主義運動進入了全新的階段[3]。

列寧爲保護俄國革命成功的果實，也爲進一步在世界各國發展共產主義運動，以便展開全球性戰略，對資本主義做最後的決戰，遂於一九一九年在莫斯科建立第三國際，或又稱共產國際[4]。第三國際的成立，一方面在於統合各國左翼運動發展的方向與步驟，另方面也在訓練革命運動的幹部，使他們在自己的國家裏建立共產黨組織，並領導對資本主義、對帝國主義的鬥爭。尤其對於殖民地與半殖民的社會，第三國際更是寄以很大的希望。因爲，殖民地是帝國主義的主要據點；只要殖民地人民起來反抗的話，資本主義國家就無可避免受到衝擊。基於這樣的戰略觀點，第三國際對於遠東問題特別注意，中國、日本、朝鮮等地的革命運動，成爲世界革命重要的一環。

在遠東地區，台灣是最晚受到第三國際注意的。把台灣放在第三國際的全球戰略地圖上的，是長駐莫斯科的日本共產黨領袖片山潛。從一九二一年起，片山潛就遷居於莫斯科，他與中國、日本、朝鮮的革命運動建立了密切的關係❺。一九二四年七月在共產國際第五次代表大會第二十一次會議上片山潛特別提醒與會人士注意台灣問題。他說：「一八九四年中日戰爭之後，福爾摩薩變成了日本的殖民地。島上的居民約三百萬。基本生產形式是栽種水稻和種植甘蔗。日本資產階級瘋狂的剝削台灣人。但最近兩年裏開始有利於自治的運動。這個運動是小資產階級性質的，但卻是眞正的革命的。日本共產黨竭力支持著這個運動，然而，福爾摩薩島上還沒有出現大規模的羣衆運動。共產黨的核心已在宗主國的台灣人中間建立起來了。」❻

片山潛所說的台灣小資產階級運動，指的當然是台灣文化協會，以及台灣議會設置請願運動，這兩個運動的目標都在追求台灣自治。他提到日共在台灣留學生中間建立起核心，則是指一九二三年東京台灣青年會所成立的社會科學研究部，此乃台灣留學生左翼運動之濫觴❼。

當日本共產黨員在東京與台灣留學生掛勾之際，中國共產黨也同時在上海吸收台灣左翼學生。這兩個系統，後來就成爲台灣本土共產主義運動的根源❽。然而，這兩股系統各自與第三國際建立了聯繫管道，所以台共日後之發生分裂，便是由於兩個系統在領導權上有了衝突。夾在這種政治矛盾之間的主要人物，便是謝雪紅。

謝雪紅是台灣彰化人，生於一九〇一年。早年父母因貧病去世，被賣去當奴婢，後來又被騙去做妾，直到十九歲才脫離家庭去當女工，這是她生命中的一個轉捩點❾。謝雪紅從未接受過正規教育，她的識字完全得力於自學自修。一九二一年，台灣文化協會成立之後，她開始參加政治活動，並且也開始接觸左翼思潮。她與台灣左翼運動先驅林木順的認識，大約是在一九二二年左右❿。這可能是她與左翼運動銜接起來的開端，一九二四年她與林木順乘船遠赴杭州，經歷了當時發生於中國的「五七」、「五九」、「五卅」等運動⓫。

第三國際對謝雪紅的注意，是在一九二五年五卅運動爆發時。當時謝雪紅在上海參加台灣自治協會，這是由蔡孝乾、張深切合作組成的組織。五卅運動的示威中，謝雪紅在羣眾大會上控訴日本殖民統治者在台灣施行的虐政。駐在上海的共產國際東方局人員，對謝雪紅的言論與行動有極其深刻的印象。因此，她不久就被推薦進入中共創辦的「上海大學」社會系。該系系主任正是中共領導人瞿秋白。

在台灣抗日運動史上，一直存在著「上大派」之說，便是指在上海大學讀書的台灣留學生。他們受瞿秋白的影響，如果不是加入中國共產黨，就是加入共青團⓬。謝雪紅在上海大學讀書，應屬「上大派」無疑。但是，她在上大僅就讀兩個月餘，就於一九二五年九月被推薦前往莫斯科的東方大學受訓。在東方大學的全名是「斯大林東方勞動者共產主義大學」，是吸收亞洲各殖民地左翼運動者的革命學校。

謝雪紅前往東方大學，並不是以中國學生的身分，也不具中共黨員的資格⓭。由於台灣是日本殖民地，謝雪紅的身分乃是日本學生，她在東方大學就參加了日本班。這與第三國際的戰略有密切的關係，因爲殖民地的革命力量與爭取殖民地獨立，將對資本主義與帝國主義構成嚴重的打擊。來自殖民地台灣的謝雪紅，就是要接受訓練在台灣發展組織，以便直接對抗日本殖民統治。因此她所要承擔的歷史任務，就不可能與中國共產黨員一致。

謝雪紅在東方大學受訓，與日本共產黨員建立了合作的關係。在莫斯科她認識了片山潛。從他那裏，她學習到聯合陣線的重要性。片山潛對日本、中國的革命觀，都是以聯合陣線做爲基調⓮。謝雪紅在留學莫斯科期間，受到片山潛的啓發甚大。在日本留學生眼中謝雪紅的性格與作風，被視爲是一位「現代男兒」（モダン・ボーイ，Modern Boy）⓯。

在這段時期，謝雪紅的俄國經驗是豐收的。她見證俄國革命後社會改革的景象，並學習了專業性的革命理論與革命戰略，謝雪紅對於台灣是殖民地社會的性質，有了更深刻的認識。從她日後的行動表現來看，謝雪紅在堅持「民族自決」與「民族革命」的立場上，從來沒有動搖過。這是受到列寧關於民族與殖民地問題理論的指導，使她對所謂「資產階級民主」有進一步的了解⓰。根據列寧的理論，如果只談資本家與殖民地資本家的密切關係，爭取改良主義式的、合法性的民主，最後仍然擺脫不了爲帝國主義與資本主義服務。只有先求得民族的解放，眞正的民主才有可能落實。尤其是在殖民地社會，追求民族的獨立是最高的戰略。

謝雪紅之所以強調「台灣獨立」，便是因爲她深切了解民族的解放優先於階級的解放。台灣所面臨的民族危機還更迫切於民主的危機。這是一九二八年台灣共產黨在撰寫政治綱領時，把「台灣獨立」寫進去的最主要原因。爲了求得民族解放，謝雪紅則堅持必須採取聯合陣線。這種看法，顯然是在莫斯科期間建立起來的。

謝雪紅以及與她同行的林木順，在莫斯科的另一個收穫，就是與日共黨員建立良好的聯繫關係，從日共黨員所寫的回憶錄，可以看出謝雪紅的地位是受到尊崇的[17]。除了與片山潛之外，謝雪紅又認識了德田球一與渡邊政之輔。這兩位日共領導者，協助台灣共產黨的建立甚力。德田球一與渡邊政之輔，都是負責後來台共與第三國際之間的聯絡工作。

值得一提的是，謝雪紅在這段留學期間，正好遇到第三國際在處理日共內部「山川主義」與「福本主義」之間的鬥爭。謝雪紅曾說，她參加過對「福本主義」的批判[18]。這點對她自己的革命路線有很大的影響。從戰略的觀點來看，山川主義認爲共產黨應該以「合法政黨」的形式存在，而不是利用非法方式從事祕密行動。日本社會既已注入高度資本主義，一切權力都操在資本家手中，因此日本革命應屬於「一階段革命論」。福本主義的主張正好與山川主義相反，認爲共產黨應該是純粹的馬克思主義者的黨，必須經過激烈的理論鬥爭來淸楚動搖分子。日本革命乃屬「二階段革命」，先對付封建的天皇制，再對付資本家⓳。第三國際對福本主義與山川主義的批判，後來就成爲日本共產黨〈一九二七年綱領〉的基礎。這份綱領，不僅爲謝雪紅所接受，而且也成爲台灣共產黨建黨的指導方針。

第三國際與台灣革命

謝雪紅與林木順是在一九二七年離開莫斯科的。在離開之前，第三國際決定在日共指導下成立一個台灣共產黨。這項決議是在解決日本問題時一併提出的；根據此一決議，日本工農階級有責任積極援助殖民地人民的民族解放，而且日本共產黨中央負責籌畫台灣無產階級的建黨工作⓴。代表台灣無產階級與日共聯繫的，正是謝雪紅與林木順。由於有這個決議，即將議謀的台灣共產黨便置於日共之下，而非由中國共產黨來指導。

爲什麼決議是這樣安排的？早在一九二二年舉行共產國際第四次代表大會時，就已通過一項〈東方問題的綱領〉。綱領規定：「殖民地母國的各國共產黨必須擔負起殖民地無產階級革命運動，在組織上、精神上、物質上給予各種支援的任務。」㉑到了一九二六年，第三國際進一步指示，殖民地母國與殖民地的工人運動必須結合起來，同時對於遭受民族的與階級的雙重壓迫的解放鬥爭，必須給予充分的、無條件的支持㉒。正因爲第三國際要把民族問題與階級問題結合起來討論，所以一九二七年的日共綱領，就已提出「殖民地完全獨立」的主張，並且規定「日共應對日本殖民地的解放運動保持密切聯繫，在思想上、組織上給予支援」㉓。

謝雪紅從莫斯科潛回上海，是在一九二七年，正是中國國共分裂之際，也是台灣文化協會發生左、右對立的時候。她到上海是爲了建立台灣共產黨。依照第三國際的指示，並根據日共提供的綱領，台共是接受日共指導的，而台灣民族是獨立的，因此台灣共產黨一方面與日共保持聯繫，一方面則又獨立地在台灣進行革命運動。

然而，就在一九二九年建黨時，一個歷史性的誤會就在這個關頭發生。原來台共誕生時，日共在日本正受到警方的緝捕與鎮壓，許多重要領導者紛紛入獄㉔。在台共建黨大會上，日共指導者並沒有出席。第三國際駐上海的東方局，遂派遣中共代表出席。這個事實，使部分台共成員誤以爲中共是台共的指導者。另一個誤會是，謝雪紅在吸收台共黨員時，不僅讓參加中共的台灣人參加，而且也讓當初是無政府主義者入黨。參加中共的台灣人，大多是上海大學的學生，包括翁澤生、潘欽信等人，無政府主義者則是以王萬得爲代表。從戰略的觀點來看，這是聯合陣線的實踐。但是，這樣的結合竟鑄成日後分裂的主要因素。

台共的首任書記長是林木順，負責與日共聯絡的是謝雪紅，負責與中共聯絡的是翁澤生。翁澤生是瞿秋白的學生，也是中共黨員，他是促成台共分裂的主要關鍵因素㉕。謝雪紅接受第三國際的指令，必須與日共系統保持關係；而翁澤生則是站在中共立場，希望台共能接受中共的指導。這兩種不同系統的緊張關係，在建黨之初並未表現出來；使雙方的矛盾暴露出來，則是由於外在因素的衝擊……

就在建黨後不久，立即發生兩個事件。一是「上海讀書會事件」，直接打擊台共的組織；一是渡邊政之輔被殺，切斷了台共與第三國際的聯繫。上海讀書會事件發生於一九二八年四月二十四日，亦即台共建黨後的一星期，謝雪紅在上海租界地為日警所捕。但是，因為找不到證據，謝雪紅遂被遣送返台。這個事件產生了兩個連鎖反應，第一，身為台共書記長的林木順並沒有回到台灣，而繼續留在上海；第二，應該留在台灣的黨員蔡孝乾、潘欽信、謝玉葉竟然逃離台灣。謝雪紅回到台灣後，開始著手黨的重建工作，開除了蔡孝乾、潘欽信、謝玉葉等人的黨籍。由於謝玉葉是翁澤生的妻子，翁澤生為此甚為不滿，與謝雪紅關係交惡。

使翁澤生有機會奪取台共的領導權，則是渡邊政之輔在一九二八年十二月被日警槍殺於台灣基隆。渡邊到台灣的目的，乃是攜帶第三國際所託付的指令與資金，準備交給謝雪紅。不幸的是，渡邊的行蹤為日警發現而遭到刺殺㉖。渡邊死後，台共立即與第三國際失去聯絡。在一九三〇年代，第三國際的戰略是各殖民地左翼運動的最高指導原則。失去了指導，等於失去了領導權。謝雪紅在台灣重建過程中，便是一方面積極吸收黨員，一方面努力與日共重建管道。

在聯合陣線的原則下，謝雪紅在台灣既存的政治團體中建立細胞組織，台灣文化協會與台灣農民組合的領導者，最後都成爲台共黨員或是外圍的聯盟者。以文化協會爲例，王敏川是該會分裂之後的領導者，他就密切與謝雪紅保持合作的關係。對謝雪紅而言，台共是屬於祕密組織，需要合法的團體來掩護。台灣文化協會與台灣農民組合之所以變成台共的據點，無疑是謝雪紅實踐聯合陣線的一個結果。

台共的重建過程並不是一件容易的事，台共與其他團體的聯盟也相當艱難。這是因爲日警在台灣的鎮壓日益高升，尤其是一九二七年後，日本發生了昭和大恐慌，經濟開始一連串的動搖，因此，殖民統治者更需要維持台灣社會的政治安定。對於所有的抗日組織，特別是一些與左翼運動有關的一些政治團體，日警的監視控制越來越嚴厲，一九二九年對台灣農民組合的搜查與緝捕，便是日警採取行動的高潮。在這種情況下，謝雪紅不得不降低活動的姿態，而盡量做地下的宣傳活動。

謝雪紅的「不動主義」，成了台共少壯派抨擊的藉口。這時，中共的因素開始介入台共內部，以「上大派」爲中心的台共黨員，對謝雪紅的批判主要有下列幾點：

第一，台共應該解散台灣文化協會的問題。謝雪紅認爲，文協雖然是屬於小資產階級，但這個團體的合法存在，使台共有活動的空間，不僅如此，文化協會的反抗性也相當高昂，應該繼續與之保持聯盟的關係。「上大派」的翁澤生、王萬得則堅持應該解散文化協會。他們的看法是，小資產階級團體的存在，將妨礙政治運動的無產階級化，而且也影響在抗日運動中的領導權。他們抨擊謝雪紅偏袒小資產階級，是一種「機會主義」的立場。

第二，對於台灣工人運動領導權的問題。謝雪紅認爲台共的迫切工作是先到全島各地發展工人小組織，等到各地草根組織崛起之後，再成立一個總工會來領導。「上大派」認爲，台共必須優先建立一個「台灣赤色總工會」，直接領導台灣各地的工人運動；並且必須立即採取行動，不管日警如何採取鎮壓的手段。

第三，台共與第三國際聯絡管道的問題。這點是最重要的，謝雪紅堅持必須與日共系統保持關係，透過日共來接受第三國際指令。在日共被破壞之後，謝雪紅希望能夠直接與第三國際建立關係。上大派的立場，便是希望台共能放棄日共系統，而接受中共系統的指導。因爲，第三國際東方局就設在上海，可以與中共直接聯絡。瞿秋白在一九二九年不僅是中共領導人，而且也是第三國際的代表，因此，翁澤生更加傾向於接受中共的指導。

從上述三個問題，就可知道謝雪紅的態度是忠實執行她在莫斯科所受的訓練。謝雪紅深切了解，台灣社會是不折不扣的殖民地社會，與日本社會及中國社會的性質不同。要求得台灣社會的解放，僅單獨依賴農、工階級的力量是不夠的；必須結合各個階級的力量，尤其是小資產階級，才有可能對抗日本殖民統治。這樣的觀點，事實上就是她在莫斯科見證「山川主義」與「福本主義」的批判時所獲得的結論。山川主義希望共產黨能變成「合法政黨」，福本主義則希望建立一個激烈鬥爭的馬克思主義黨，謝雪紅則將這兩種主義綜合起來，一方面利用文協從事合法活動，一方面保持台共的祕密組織㉗。

然而，上大派並不容許她這樣去發展運動。翁澤生通過瞿秋白，對台共發出指令，建議少壯派背著謝雪紅召開臨時黨員代表大會。在會中，上大派終於奪得領導權，謝雪紅也被開除黨籍，中共系統至此取得主導的地位。

上大派的運動路線，至此完全悖離第三國際的指導。他們之所以激進，全然是由於中共政治路線在台灣政治運動中的反映。從一九二七年到一九三二年，中共連續在領導上犯了三次左傾激進的錯誤，在瞿秋白、李立三、王明的冒險主義領導下，使中共發生嚴重失敗㉘。上大派忠實於中共路線的結果，也導致台共內部激進路線的抬頭。

在上大派向謝雪紅奪權的過程中，翁澤生一直使用瞿秋白是第三國際代表的名分，對台共黨員發號施令。這是一樁歷史疑案，因爲一九三〇年瞿秋白已被解除黨職，也被除去第三國際的代表的身分。因此，一九三〇年第三國際對台共的指令，是值得進一步去探討的。

結語

台共存在前後只有三年，亦即從一九二八年至一九三一年。路線的分歧而造成內訌，分裂的結果而導致殖民統治者的破壞，使得台共在抗日運動上的任務終於沒有完成，謝雪紅的台灣革命理論也沒有獲得實踐的機會。

在台灣所有的抗日團體中，只有台共是唯一提出「台灣革命」的主張；在追求台灣社會的解放上，台共也是唯一提出爭取「台灣獨立」的口號。在此之前，台灣革命與台灣獨立的旗幟僅見諸於一九二六年在廣州成立的「廣東台灣革命青年團」[29]。不過，那是在中國大陸推動，在理論上、在組織上、在行動上，都難以與台共的規模比擬。在第三國際的指導下，台灣革命並非只是追求台灣本身的解放，而是，全世界殖民地解放的一環。

謝雪紅自莫斯科攜回的政治綱領與組織方法，使得台灣革命理論的層次立即提升。從謝雪紅的俄國經驗，就可發現過去有關台灣歷史研究的解釋，往往過於偏重中國革命運動對台灣革命運動的領導。做爲殖民地社會的台灣，尋求解放途徑的努力是多元性的，謝雪紅的革命路線就不是傳統的歷史解釋可以概括的。

從謝雪紅的史實來看，中共並沒有對台共有過任何的協助；相反的，它在幕後唆使的奪權運動，使台共偏離第三國際的戰略原則，使台共發生內部分裂，中共在台灣抗日運動史上的功過，至此已判然分明。謝雪紅在二二八事件後投靠中共不久即受到整肅鬥爭，有一個重要的歷史因素，便是她從來就是拒絕中共的領導，這樣的抗拒，可以追溯到謝雪紅的俄國經驗。

註釋

❶有關台灣左翼政治運動受到忽視的背景，筆者在其他文中已申論過，請參閱陳芳明〈左翼抗日運動的新探索〉，收入盧修一著《日據時代台灣共產黨史（一九二八—一九三二）》（台北：自由時代出版社，一九八九），頁八—一五。

❷謝雪紅扮演反面人物的角色，影響她在歷史上的地位。請參閱陳芳明〈陳儀與謝雪紅——二二八人物的再評價〉，收入《台灣人的歷史與意識》（台北：敦理出版社，一九八八），頁一八九—二〇一。

❸在俄國十月革命以前，國際共產主義運動就已蓬勃發展。在中文書籍中有關這方面的討論，參閱《國際共產主義運動史——從馬克思主義誕生至十月社會主義革命勝利》（北京：人民出版社，一九七八）。此書集中描述第一國際與第二國際的興亡史。

❹有關第三國際成立的經過，參閱雲光主編《國際共產主義運動史》（北京：羣眾出版社，一九八六）。尤其是第八章〈共產國際〉，頁二〇一—三二。

❺片山潛的生平，在中文方面的介紹，可參閱《日本革命運動史話》（延安：新華書店，一九四四），尤其是第三章〈「革命之父」片山潛〉，頁一一—一四。

❻中國社會科學院近代史研究所翻譯室編譯《共產國際有關中國革命的文獻資料，一九一九—一九二八》第一輯（北京：中國社會科學出版社，一九八一），頁八七—八八。

❼台灣留學生在東京建立左翼組織時，很早就已與日本共產黨建立聯絡關係。有關這段史實的詳細資料，參閱〈日本共產黨台灣民族支部東京特別支部員檢舉顛末〉，收入山邊健太郎編《台灣(二)》(現代史資料22，東京：みすず書房，一九七一)，頁八三—一三五。

❽共產主義的輸入台灣經過，是台灣現代史的重要發展，這方面的討論可參閱史明《台灣人四百年史》(加州聖荷西：蓬島文化公司，一九八〇)，頁四五八—七七。盧修一，前引書，頁三一—四〇。

❾關於謝雪紅的生平，筆者寫過一篇短文做了介紹，陳芳明〈潔白的火花——緬懷台灣民族鬥士謝雪紅〉，收入《台灣人的歷史與意識》，頁一六七—八八。

❿參見本書第三章〈林木順與台灣共產黨的建立〉，對林木順的生平與思想有所闡述。

⓫這是謝雪紅在一九四九年參加中國政協會議時，對《人民日報》的談話透露的。參見柏生〈謝雪紅〉，《新中國人物誌》(香港：中國文史研究會複印，一九七八)，頁二一六。

⓬有關「上大派」的歷史意義，參閱若林正丈〈台灣の抗日運動〉，收入野澤豐、田中正俊編《講座中國近現代史，六：抗日戰爭》(東京：東京大學出版會，一九七八)，頁一八九—二〇二。

⓭當時與謝雪紅前往莫斯科的中共黨員，有李立三、蔡和森、向警予、楊子烈等人，在中共留學名單中，沒有謝雪紅的名字。參見曹仲彬、戴茂林《莫斯科中山大學與王明》(哈爾濱：黑龍江人民出版社，一九八八)，頁二〇—三六。

⓮例如，片山潛在一九二六年就批評中共的激進黨員說：「企圖創立一個不與國民黨合作的，獨立的中國共產黨，那是一種幼稚的想法。」

⑮大道敏雄〈モスクワ潛行記——ヤン片山の思い出(上)〉,《運動史研究》第九冊(東京:三一書房,一九八二),頁一八四。

⑯列寧〈民族和殖民地問題委員會的報告〉,《列寧選集》第四冊(北京:人民出版社,一九六〇),頁三三二—三三七。

⑰風間丈吉《モスコ——共產大學の思い出》(東京:三元社,一九四九),頁一三四。

⑱《新中國人物誌》,頁二一七。

⑲有關「山川主義」與「福本主義」最扼要的介紹,見史明《台灣人四百年史》,頁五六五—六六。

⑳楊克煌《台灣人民民族解放鬥爭小史》(武漢:湖北人民出版社,一九五六),頁一六二。

㉑市川正一著、田舍譯《日本共產黨鬥爭小史》(北京:世界知識社,一九五四),頁四一。

㉒史明,前引書,頁五七四。

㉓若林正丈〈台灣革命とコミンテルン〉,《思想》(一九七五年五月號);後收入氏著《台灣抗日運動史研究》(東京:研文出版社,一九八三),頁三〇六(此文已譯成漢文,見前譯〈台灣革命與第三國際〉,分三期連載於美國紐澤西出版的《蓬萊島》雙月刊,第二十七、二十八、二十九期(一九七五年五月、七月、九月))。

㉔市川正一的《日本共產黨鬥爭小史》,對日共所遭到破壞的實況有極其詳細的交代。

㉕翁澤生的生平,可以參閱肅彪、楊錦和、王炳南、許偉平合撰〈翁澤生〉,收入中共黨史人物研究會編《中共黨史人物傳》第二十七卷(西安:陝西人民出版社,一九八六),頁一四一—六〇;以及林江〈懷念我

的父親翁澤生〉，《人民日報》（一九八九年三月二十四日）。

㉖恆川信之〈渡邊政之輔，基隆埠頭ベ死ず〉，《日本共產黨渡邊政之輔》（東京：三一書房，一九七一），頁三五〇—六一。

㉗謝雪紅在一九三一年被捕後，於預審庭的供狀就不斷重複台灣是殖民地社會的性質，台共採取不同的戰略方式。見〈謝氏阿女豫審廷に於ける供述要旨〉，《日本統治下的民族運動：政治運動》（本書原名《台灣總督府警察沿革誌》，簡稱《警察沿革誌》，以下書中出現者同）（東京：台灣史料保存會複刻，一九六九），頁六八二—八八。

㉘中共所犯三次左傾冒險主義的簡要介紹，參見李新等主編《中國新民主主義革命時期通史》第一卷（北京：人民出版社，一九八一）。特別是第一章第二節〈中國共產黨內的第二次左傾路線〉：第三章第二節〈中國共產黨內第三次左傾路線的出現和有利革命形勢的喪失〉。

㉙《警察沿革誌》，頁一二〇—二七。

第三章
林木順與台灣共產黨的建立

與二二八事件銜接的名字

林木順是台灣政治運動史上一個隱遁型的人物。他的名字之所以讓後人記得，並不是由於他參加台灣抗日運動的事蹟，而是因爲在一九四八年香港出版了一冊《台灣二月革命》，作者署名林木順。《台灣二月革命》一書，是第一冊以台灣人的觀點來記錄二二八事件的專書，書中留下不少第一手的見證。在史料價值上，在政治見解上，這本書受到的重視，非比尋常。正因爲如此，林木順的名字也頗受注意。

林木順是日據時代台灣共產黨的創建人之一，是台灣左翼政治運動的革命先驅。不過，他並沒有撰寫《台灣二月革命》，該書的作者其實是楊克煌。楊克煌也是台灣共產黨的早期黨員，接受過林木順的領導。二二八事件發生時，楊克煌參加過謝雪紅的二七部隊，事件過後，他們連袂逃往香港，在那裏從事反抗國民黨的政治宣傳工作。

《台灣二月革命》就是他們宣傳工作的一冊小書，列入他們的「新台灣叢刊」第五輯。在謝雪紅、楊克煌、蘇新主編下的「新台灣叢刊」，一共出版了六冊❶。要了解台灣政治運動者在二二八事件後的苦悶心情與政治主張，這六冊小書是極爲珍貴的史料。《台灣二月革命》作者署名林木順，自然具有紀念的性質，甚至有尊奉他爲精神領袖的意味。透露此書的眞正作者是楊克煌，是謝雪紅的助手周明說出的❷。

《台灣二月革命》在出版的第二年，全文譯成日文發行，作者仍署名林木順❸。這本書出版四十年以後，台灣夏潮系的創造出版社才於島內重印發行，不過作者被改爲「林目順」，這種做法已引起非議❹。

從上述的事實來看，林木順的名字與二二八事件銜接在一起，自然是一個歷史的誤會。因爲遠在二二八事件發生之前，林木順就陣亡於中國戰地了。這位早逝的台灣革命家，到二二八事件發生後之所以被反抗運動者懷念，誠然是有理由的。這裏面有林木順與謝雪紅的個人感情因素，也有台灣抗日陣營中左翼運動的歷史背景。但是，這位受到左翼運動者所尊敬的政治人物，如果他的政治地位那麼重要，爲什麼會在歷史上隱晦不彰？

這個問題，可以從台共、中共、國民黨等三方面的政治史觀來考察。先就台共本身而言，在其歷史發展過程中，內部的權力鬥爭與分裂，導致日後歷史解釋的不一致。以謝雪紅、林木順爲主的，堅持接受日共領導的「舊中央」，與以王萬得、翁澤生爲首的，主張與中共路線聯繫的「新中央」，在分裂之後，就很少再冷靜檢討過內部衝突矛盾的原因。日後蘇新、蕭來福、楊克煌曾經撰書提到台共史實，但大多避開這種內部的問題不談[5]。也正是這個原因，做爲台共建黨主席的林木順，其歷史地位就跟著沉淪或貶低了。

就中共而言，其歷史觀都是以中共的黨爲中心的，從而它的歷史解釋也以有利於中共歷史地位的提高爲主軸。由於台共舊中央的領導者謝雪紅、林木順在建黨之初就不斷抗拒接受中共的指導，所以今天的北京當權者顯然有意貶低謝、林二人在台灣抗日運動中的地位[6]，而刻意肯定當年堅持與中共掛鉤的台共新中央，這包括翁澤生、王萬得、蘇新等人所扮演的角色。翁澤生、王萬得都屬於「上大派」，而上海大學則是中共最早創建的黨校，其中翁澤生還是中共的黨員。因此，中共對翁澤生的評價特別高[7]。相對的，林木順等人就被中共史家冷落了。

從國民黨的觀點來看，無論是台共舊中央或新中央，都一律視爲叛逆人物。自一九四七年二二八事件以後，台灣歷史的重估成爲一種禁忌。在白色恐怖之下，有關社會主義與左翼運動的討論，全然呈停滯狀態。如果像謝雪紅這樣知名的領導者都受到嫉視的話，那麼遠在日據時期的林木順就更不可能受到重視了。

這三個背景的發展，決定了台灣左翼運動人物的歷史地位之模糊不清。然而，這些人爲的政治因素，並不能完全抹煞他們在歷史上所扮演的角色。林木順的重要性，在於他與謝雪紅共同創建了台灣共產黨。由於謝雪紅受到後人的貶抑，林木順在台共建黨過程中所居的地位，也連帶被低估了。

一位不馴的台灣青年

林木順，是南投草屯人，生於明治三十九年（一九〇四）四月三日。父親林德裕，母親洪氏富，育有三子六女。林木順排行第五，上有長兄庚錦，下有六弟松水，籍設台中州南投郡草屯街月眉厝三六三番地❽。根據林氏族譜，林木順生於明治丙申年三月六日午時，想必屬於農曆❾。

二十世紀初葉的台灣，正面臨各種新價值的挑戰。林木順誕生時，日本據有台灣尚未及十年。他的父親林德裕，早年曾經前往中國數次，據說是去經商。這種中國經驗，使幼年時期的林木順就已耳熟能詳。但是，林家經濟並不是很寬裕，林木順到十歲時才進入公學校。

林木順的小學同學許作霖指出：「林木順在南投公學校讀了四年，因爲家從崩崁搬至溪州里，轉學到草屯公學校又讀二年。」[10]這是有關林木順早期受教育的情形。他的另一位小學同學李禎祥也說，林木順在草屯公學校六年級的老師是西川政藏。他對林木順的影響甚大，可說是幼年時期的重要啓蒙者[11]。西川政藏後來鼓勵林木順投考台北師範學校，順利錄取。台北師範學校的經驗，改變了林木順的一生。

台北師範學校是日據時期台灣知識分子的養成所，幾乎許多重要作家、畫家、政治運動者都是在這個學校畢業，包括蔡培火、王敏川、林呈祿（一九〇七）；黃旺成、陳逢源（一九一〇）；林冬桂、倪蔣懷（一九一三）；黃土水（一九一五）；江肖梅、陳澄波（一九一七）；游彌堅（一九一八）；吳三連、張秋海（一九一九）；吳濁流（一九二〇）；朱昭陽（一九二一）。從這份名單，足可顯示北師在台灣文化運動史上所具有的意義。根據林木順的註冊文件，他是在大正十一年（一九二二）四月十七日入學的[12]。與他同年入學者，還有後來在浙江金華組成「台灣義勇隊」的隊長李友邦。在那臥龍藏虎的學校，林木順必然也受到環境的薰陶，對於台灣政治非常關切。

他並不是一位認眞讀書的學生。從現存的學校成績單來看，林木順在第一學年的排名是第一四六，第二學年第一學期名列一二五，第二學期名列一二八。至於操行成績，都是列爲「丙」等[13]。在校內，他顯然是一位不馴服的青年。根據台北師範的「生徒明細簿」（即學生操行紀錄），林木順在第一學年被評爲「饒舌、動作輕快、容儀亂雜」，同時又有如此的紀錄：

「學期末必須督促好好反省」。不過，林木順似乎沒有任何態度上的改變，第二學年還是被評爲「不正直、饒舌」，「品性不良，有反抗態度」[14]。

林木順的不馴，當具有深刻的政治意義。那時台灣文化協會已經成立，無數青年學生如果不是加入協會的讀報會，就是去聽協會主辦的演講。林木順的同學李友邦，便是一位典型的例子。在一篇回憶李友邦的文字裏，有如下的記載：「在校期間，他參加了台灣文化協會，從事反對日本殖民統治的活動。一九二四年夏天的一個晚上，他和林木順、林添進等八、九個進步同學，襲擊了台北新起街警察派出所。這就是當時在台北轟動一時的『新起街派出所事件』。李友邦是這個事件的領頭人之一，因而受到學校當局的開除處分。面對殖民者的殘酷鎮壓，他沒有屈服，立下了要爲台灣人民謀解放的革命志向。就在這一年的暑假，他和林木順一起，離別了災難深重的故鄉，來到了上海。」[15]如果這樣的記載沒有錯，可以想像的，林木順在北師時就已經與李友邦參加文化協會的活動了。依據他的學籍資料，他的退學時間是大正十三年（一九二四）三月十九日，理由是「性行不良」[16]。

在退學後，林木順回到草屯，準備遠赴上海。就在到上海之前，他的生命有了急遽的轉折，那就是與謝雪紅的認識。據林木順的弟弟林松水後來回憶，謝雪紅曾經偕其夫婿張樹敏到溪州去訪問林木順。他指出，張樹敏先回台中，謝雪紅則留宿林宅，這是兩人最初的往來[17]。謝雪紅的祕書周明在他的回憶錄提及，謝雪紅是在赴上海的輪船上偶遇林木順。在船上，林向謝雪紅談到婦女解放運動、革命的道理。謝雪紅認為林木順是她的「革命啓蒙者」⓲。顯然，林木順的年紀小於謝雪紅三歲，但政治思考卻比較早熟。他們見面的時間，應該以林松水的口述歷史為準，時間是在一九二四年的草屯。他們之間發生感情，當也從這個時候開始。

從上海到莫斯科

一九二四年夏天，林木順與謝雪紅到達上海。由於他們已有感情，謝雪紅便離開張樹敏，而與林木順同居。他們的行動，在那段時期可以說是相當有革命性的。台灣作家張深切在他的回憶錄《里程碑》說，謝雪紅在上海「和台北師範學校被開除的學生住在一起」⓳。這裏提到的被開除的學生，無疑就是指林木順。

停留在上海期間，林木順積極介入政治運動。目前現存的資料找不到林木順的活動事蹟，不過，從謝雪紅在那段時期的紀錄，或許可以推測林木順的動向。一九二四、二五年之間，在上海的台灣留學生中有兩個重要政治團體，一是「上海台灣青年會」，領導者是許乃昌、謝廉清（這兩名是台灣人中最早留學俄國的知識分子），一是「台灣自治協會」，重要成員包括蔡孝乾、林維金、洪緝治、張深切與謝雪紅⓴。這兩個團體的會員名單裏，並沒有林木順。可以確信的是，林木順在這段時期加入了中國共產黨㉑。

如果林木順與謝雪紅有「台灣獨立」思想的話，應該也是以上海時期爲開端。謝雪紅參加的台灣自治協會，在一九二五年中國反抗日本帝國主義最高潮的時候，發表宣言主張台灣人民應該學習韓國獨立運動，脫離日本殖民統治，並呼籲中國人民對日本實行斷絕經濟外交，使帝國主義的擴張受到遏阻[22]。這些觀點如果反映謝雪紅的想法，則與她關係密切的林木順也應持同樣的見解。在一九二〇年代，殖民地革命與殖民地獨立的主張，無疑是受到俄共領袖列寧的影響，同時也符合莫斯科第三國際的革命策略。非常清楚的，居住在上海租界地的台灣知識分子，在很大程度上，受到國際共產主義思潮的影響甚鉅。

他們在上海的政治活動，顯然受到共產國際東方局代表的注意，遂被推薦遠赴俄國。謝雪紅在一九二五年進入中共所創辦的上海大學社會科讀書，準備赴莫斯科的勞動大學留學。關於謝雪紅在這時期的活動，她自己在一九四九年出席中共建國慶祝時，曾首度向記者透露，《人民日報》有如下的報導：「她經歷了當時的『五七』、『五九』、『五卅』等運動，在那時無論報紙上或遊行的隊伍裏，她都高呼出『收回台灣』的口號，那時她的名字叫謝飛英。以後，她跑到上海總工會去工作。一九二五年九月，她進入了當時的上海大學社會科，這是她有生第一次進入學校。當年十二月，她到蘇聯莫斯科東方大學學習。」[23]從謝雪紅的口述，至少可以推測出林木順的一些側影。謝雪紅在上海時期使用「謝飛英」的名字，林木順則改爲「林木森」。這兩個名字，在日本左翼領導者的回憶錄中常常出現。

究竟是誰推薦他們到莫斯科留學的呢？這個問題至今仍然是一個謎。不過，根據日共領袖之一德田球一的回憶錄，謝雪紅乃是由中國共產黨的台灣支部所推薦㉔。

所謂中國共產黨台灣支部，似乎是指台灣留學生在上海參加中共組成的一個細胞組織。在台灣抗日陣營裏的「上大派」，亦即上海大學的台灣留學生所形成的派系，其中有不少成員加入中共組織，包括翁澤生、王萬得、潘欽信等㉕。德田球一的說法若屬正確，則中國共產黨台灣支部應該在一九二五年就已成立於上海。到了一九二八年十月十八日，這個支部正式在台北成立，後來，又在台中發展出另一支部團體㉖。不過，德田球一的說法還有待求證，因爲他的回憶錄完成於戰後的一九四八年，也許記憶有誤。以當時翁澤生、潘欽信的資歷，似乎還不足以推薦謝、林二人赴莫斯科留學。更進一步而言，如果中國共產黨台灣支部確實存在的話，是不是早在一九二五年就已成立，似乎還有商榷的餘地。

無論如何，林木順與謝雪紅到莫斯科的時間應在一九二五年十二月。林木順入學於孫逸仙大學，謝雪紅則就讀於東方勞動大學㉗。在國民黨史上，孫逸仙大學的正式名稱是中山大學，大多是收國民黨籍的學生㉘。這是蘇聯共產黨爲因應中國境內的國共合作，而於一九二五年在莫斯科創建大學，以便爲國民黨訓練革命分子。孫逸仙大學也兼收左翼學生，林木順被接受進入這個學校，並非意外。蔣經國也在這一年入學於孫逸仙大學，如果他與林木順同學，應該是相互認識的。

德田球一的回憶錄提到，謝雪紅雖是受中共推薦去莫斯科的，但是她與日本學生較接近29。同一時期赴俄國留學的張國燾夫人楊子烈，後來也有如下的回憶：「日本學生在東方大學不過十數人，謝雪紅是由上海到海參崴轉莫斯科的。她是台灣人，瘦長的個子，嘴裏鑲一隻金牙。另外還有一個男子跟她一道，說是她『表弟』。她對『表弟』是很嚴厲的，動輒咬牙切齒用台語斥罵。中國男女同志看不慣她那驕橫樣兒，言語之間，對她不免有些諷刺，但她個性倔強，仍罵如故。大家不懂台語，見她橫眉怒目，聲調高亢，知道她又發了雌威。大家都討厭她，奇怪的是她那位臉黃身瘦的『表弟』始終一聲不響，異常馴服。他們會說國語，日本話講得更好，到了莫斯科，她就進入日本學生班上課。日本班那時沒有一個女生，她是非常受歡迎的。之後，她和日本青年打得火熱，早把她那位『表弟』給拋棄了。」30

這位說台語的「表弟」，顯然是林木順無疑。在楊子烈筆下，謝雪紅是一剛毅的女性，而林木順則完全聽命於她。在上海期間，林木順就已經跟隨在謝雪紅的身旁。值得注意的，便是兩人都會使用中國話與日本話。這說明在這段期間，他們與中國左翼運動者過從甚密。到莫斯科以後，謝雪紅被編入日本班，自然而然與日本左翼學生熟稔起來。日共黨員風間丈吉，便是林、謝留俄時期的同學。他在戰後回憶東方大學的同志說：「其中一位叫做謝飛英（當時是二十四、五歲的婦人，現在聽說在台灣是一位有力的指導者），一位叫做林木森（比謝女士年輕二、三歲的男性）。謝女士聽日本話並沒有任何不自在。不過在表達自己的意見時就用華語，而由林來翻譯。林的日語相當好，他們兩個人在上海一起住過，在那裏與中國共產黨或共產青年同盟有了關係。我們與這兩個人極爲親密，從未有過任何爭論。」㉛

風間丈吉的描述與楊子烈的回憶，可以說非常脗合。不過，謝雪紅並沒有像楊子烈所說，把林木順給拋棄了。在語言問題上，林木順一直在協助謝雪紅；同樣的，在思想訓練方面，他也是她留學時期的最好同志，只是謝雪紅活動能力相當強，往往受到較多的注意，林木順反而成爲從屬的角色了。在莫斯科左翼思想的學習過程中，事實上，林木順的地位是比較重要的。

他們遠赴蘇聯的目的，並非只是要訓練成爲左翼革命運動者，他們更爲艱難的任務便是要在台灣建立一個共產黨組織。第三國際的殖民地革命理論，係針對帝國主義的殖民地而提出的。如果殖民地能夠普遍發動獨立革命運動，就能有效顚覆帝國主義的根據地，從而動搖帝國主義母國的經濟體制。台灣既然是日本帝國的殖民地，那麼，要領導殖民地社會裏的革命，就有必要成立一個主張台灣獨立的共產黨。林木順與謝雪紅正是擔負了這樣的任務。

在莫斯科接受組黨訓練的過程中，林木順、謝雪紅親身見證了日本共產黨內部的路線鬥爭。主張走菁英路線的「福本主義」與主張走合法路線的「山川主義」，在日共黨員之間發生激烈的辯論。日共領導者在一九二七年到第三國際的莫斯科總部進行冗長的討論，佐野文夫、德田球一、福本和夫、渡邊政之輔等重要幹部都連袂前往㉜。林木順、謝雪紅列席了日共內部的辯論，從而認識這些領導者。這是一個重要契機，日共在辯論之後不僅接受第三國際擬定的〈一九二七年綱領〉，而且根據這個綱領，日共支持「殖民地完全獨立」的主張。所謂支持殖民地完全獨立，便是指日本工人階級有責任積極援助殖民地人民的民族解放。確切而言，日本共產黨中央應負責領導籌建台灣無產階級政黨的工作。在〈一九二七年綱領〉的指導下，林木順與謝雪紅被賦予建黨的重大使命，正式與日共領導者建立密切的聯繫關係㉝。

擔負台共建黨的責任

在莫斯科的兩年期間，林木順學習了馬克思主義革命的理論基礎，同時也熟悉了日本共產黨建黨過程中的失敗與挫折。這些經驗，對林木順日後的建黨工作幫助甚大。一九二七年九月，林木順與謝雪紅結束在莫斯科的訓練。兩人祕密潛回上海租界地，積極籌組台灣共產黨建黨事宜。他們與中共、日共黨員分別取得聯繫，並於同年十二月前往東京接受建黨指示。

東京之行凸顯了林木順所扮演的重要角色。他一方面與日共黨員接觸，一方面則與留日的台灣學生聯絡；這兩個任務都關係到日後的建黨。就日共接觸而言，林木順與日本共產黨中央常任委員渡邊政之輔、佐野學見面，受邀列席日共的中央委員會。林木順從這兩位領導者領取有關台共的〈政治綱領〉與〈組織綱領〉，並且獲得兩個重要的指示：

第一，台灣共產黨應該暫時以「日本共產黨台灣民族支部」來建黨。

第二，日本共產黨目前正爲選舉鬥爭忙碌，有關建黨事宜應接受中國共產黨的援助與指導[34]。

就第一個指示來說，台灣共產黨之所以必須隸屬於日共，乃是根據第三國際的「一國一黨」策略而決議的。爲了集中無產階級的革命力量，並且爲了避免分散統一戰線的力量，一個國家只能容許存在一個共黨組織。台灣既然是日本的殖民地，則台共的成立應使用台灣民族支部的名義，以符合「一國一黨」的原則。這項指示決定了台共日後的政治運動方向，凡涉及黨活動的方針應接受日共的指導。

就第二個指示來說，中共之所以必須援助台共，主要是因爲日共正從事選舉鬥爭，而不得不採取權宜之計。然而，正因爲有這樣的指示，終於使中共在以後有理由介入台共領導權之爭。受到這個指示，林木順才回上海與具有中共黨員身分的台灣人翁澤生聯絡，雙方合作籌組建黨的工作。

留在東京期間，林木順還有一個更爲重要的任務，便是吸收留日學生參加建黨，並且爲日後的台共東京支部做準備工作。有關這時期的活動，台共黨員陳來旺被捕後所做的口供交代得很清楚。林木順在東京使用「林民挼」的假名從事活動，一九二八年一月上旬在「無產者新聞社」與陳來旺見面。在林木順的慫恿下，陳來旺答應願同他前往上海參加建黨大會。

為了掩護身分，陳來旺改名為「陳振華」㉟。

林木順與陳來旺在二月上旬回到上海，聯絡翁澤生計畫組黨。根據日共提供的〈政治綱領〉，林木順、謝雪紅、翁澤生三人共同起草修改。並且分派工作如下：「翁澤生負責起草〈青年運動方針〉，林木順等起草〈工農運動方針〉，謝志堅起草〈婦女運動方針〉，謝雪紅起草〈赤色互濟會方針〉等文件。」㊱在所有建黨的提綱文件裏，林木順負責的工作最為重要；因為，共黨組織的政治運動重心乃在於工人運動與農民運動。

到了三月上旬，黨內各種政治提綱大致撰寫就緒，由林木順全部過目審定。做為中共黨員的翁澤生，介紹上海讀書會的成員潘欽信、林日高與林木順認識。另外，還有受邀的蔡孝乾、洪朝宗則未能前往上海㊲。在這段期間，陳來旺受林木順指令，以碳酸紙複寫所有運動提綱的文字㊳。到了四月十三日，在中共黨代表彭榮的建議下，召開「台灣共產主義者積極分子大會」，為建黨準備會做了總結。出席這次建黨之前的大會成員，有林木順、謝雪紅、翁澤生、謝玉葉、陳來旺、林日高、潘欽信；同時還有上海讀書會的張茂良、劉守鴻、楊金泉等。這次會議，對於草擬的綱領文字，都無異議通過。

一九二八年四月十五日，中共代表選定上海法租界霞飛路的一家金神父照相館樓上，正式舉行台灣共產黨建黨大會。日本共產黨全然沒有派遣代表參加，出席者包括中共代表彭榮、朝鮮共黨代表呂運亨，以及台共成員林木順、翁澤生、林日高、潘欽信、陳來旺、張茂良、謝雪紅等九人。從籌備會、積極分子大會，到建黨大會，整個過程的靈魂人物無疑是林木順[39]。

根據日本警察破獲的台共組織資料，有關這次建黨大會的開會順序如下：①開會宣言、②主席團就位、③中國共產黨代表報告、④政治報告、⑤議案通過、⑥中央委員選舉、⑦閉會。

謝雪紅被推舉爲主持會議的主席，但是擔任開會致詞者則是林木順，他在開幕詞中指出：「在這次大會，我們要議決政治大綱、組織大綱及一切重大議案。爲了要回到台灣從事實踐運動，諸位同志要努力研究討論這些議案。大會決議的正確方針，乃是要成爲我台灣革命運動的明燈。這次大會獲得中國共產黨代表的參加，又受到中國共產黨的指導與援助，乃是我們最感欣慰與光榮的事。現在中國的革命，正進入建立工農兵蘇維埃的成熟期，中國共產黨以其擅長領導工農奮鬥的經驗來教導我們。在台灣革命的實踐運動中，我們要接受他的訓誨，並努力促其實現。」[40]林木順對中共代表表示感謝，並非意味接受中共的「領導」，他所強調的乃是「指導」。這是因爲日共未能參加大會，而委請中共代表來協助。其實，在台共的〈組織大綱〉裏，就有一條特別揭示與日本共產黨的關係。這個條文說得非常清楚：「台灣共產黨在相當的期間裏，乃是做爲第三國際的一個支部之日本共產黨民族支部而組織的，因此日本共產黨中央執行委員會的指令，台灣共產黨非得遵守不可。更進一步而言，台灣共產黨乃是通過日本共產黨，來達成其世界無產階級革命一環的任務。」41

然而，只因為中共代表受邀參加台共的建黨大會，中國史家竟然企圖利用這段史實，刻意解釋台共是接受中共指揮的。例如代表中共觀點的陳碧笙，就只強調台共是「在中國共產黨的全力協助和指導下」成立的42。另外稍早的劉大年也說：「一九二八年四月，許多在大陸受教育的台灣籍中國共產黨和一部分留學日本的共產主義者，在中國共產黨直接的幫助下，於上海成立了台灣的黨組織。」43這種提法只說出一半史實，對後人是相當誤導的。即使是做為台共重要黨員之一的蘇新，後來在北京寫〈自傳〉時，也做了一些誤導的陳述：

一九二八年二月，我們派陳來旺跟林木順到上海，參加台灣共產黨的成立大會。陳來旺同志於同年七、八月回來東京以後，這個「馬克思主義小組」就變成了「日本共產黨台灣民族支部東京特別支部」，除了何火炎以外，其他三人都參加，正式成為共產黨員，以後再吸收一、二個人。這個支部是直接接受中共中央的領導，和台灣共產黨在台灣的領導機構沒有直接的領導關係。44

蘇新所說的東京「馬克思主義小組」是由林木順組成的，成員包括陳來旺（成城學院）、林添進（日本大學）、何火炎（早稻田大學），以及蘇新（東京外語）。他強調台共東京支部與台共在台灣的領導機構沒有直接關係，這應是符合史實的。因為，後來台共在台灣的領導，是由謝雪紅一人單獨重建的，但這都是後來的發展。不過，把台共東京特別支部說成是直接接受中共中央的領導，可說是錯誤的。在上海的台共領導者是林木順。根據陳來旺在日本警方的口供，他在一九二八年建黨大會後要回東京時，林木順以口頭告訴他：「你要以台灣民族支部東京特別支部的負責人活動。」[45]陳來旺是東京支部的負責人，他最清楚誰是直接的領導者。總而言之，台共建黨大會其實是以日共領導下的名義進行的。中共企圖篡改史實，只不過都是爲了配合一九五〇年代以後的北京對台政策。這種做法，並不足取。

林木順之能夠領導台共，乃是他在建黨大會經過出席成員推舉，而成爲這個黨組織的書記長[46]。這是在四月十八日的建黨後第一次委員會選出的，黨組織的權力配置如下：

林木順（中常委）：書記長、組織部
林日高（中常委）：婦女部
蔡孝乾（中常委）：宣傳部
莊春火（中委）：青年部
洪朝宗（中委）：農民運動
翁澤生（候補中委）：駐上海聯絡中共
謝雪紅（候補中委）：駐東京聯絡日共
陳來旺（黨員）：駐東京聯絡日共

非常清楚的，林木順不僅獲選爲書記長，而且還負責黨的組織工作。他所占地位的重要性，由此可見。但是，林木順的角色並非只顯現在這些頭銜之上；更爲重要的是，他爲台灣共產黨所準備的〈政治大綱〉與有關工人運動、農民運動的對策，這些都影響了日後台灣政治運動的發展。

台共黨魁的政治主張

在建黨大會中通過重要文件中，以〈政治大綱〉最能表現台共的政治運動觀；而這份〈政治大綱〉乃是出自林木順之手。雖然這份大綱經過日共領導者渡邊政之輔、佐野學的草擬，但有關台灣社會的分析，應該都是由林木順執筆的。從大綱的文字，可以發現林木順所理解台灣社會結構與性質極爲透徹。要了解日據下的台灣內部矛盾，以及台灣與日本的敵我關係，都可在〈政治大綱〉裏找到一些眞相。尤有進者，要了解台灣反抗運動的鬥爭理論與追求方向，也可以在大綱裏窺見一些倒影。台共之所以提出「台灣民族」、「台灣革命」與「台灣獨立」的三大主張，便是從這份大綱延伸出來的。這三大主張，正好區別了台共與其他政治組織的不同之處。

這份大綱是由七個部分構成，包括：1.台灣民族的發展、2.現在的政治經濟情勢、3.民族獨立運動之形勢、4.無產階級成長的過程、5.革命的展望、6.黨的當前任務、7.台灣共產黨與民族獨立運動[47]。全文七個段落相互扣緊，逐步演繹推論。就「台灣民族」的理論來說，大綱指出，台灣社會經過荷、鄭、滿清、日本的統治階段，而從封建制度慢慢過渡到資本主義體制。台灣封建制度崩潰的關鍵，在於滿清後期台灣與西方先進國家開始進行貿易，促使島內商業資本漸漸抬頭。台灣被割讓給日本時，台灣民主國的抵抗行動，事實上是由資本主義化的中地主、商人和激進武士聯合領導的。日本統治以後，資本主義支配整個台灣社會；台灣資本家必須依賴日本資本主義而存在，使得民主革命未能完成，而封建色彩也還有殘餘。台灣民族就是在這樣的歷史階段中形成的。

以台灣民族爲基礎，林木順在大綱裏進一步分析台灣社會內部的政經情勢與階級關係。大綱指出，資本主義在台灣已經發展到高度資本集中的地步，但是受盡掠奪剝削的農村，仍然還存在著落後的幼稚資本以及非資本主義的經濟因素。這種經濟上的差距，是一種不可能解決的矛盾；而這種矛盾正是發展台灣革命的主要動力。在不平衡的經濟發展之下，島內終於出現了如下的階級：日本帝國主義的資產階級、反動的資產階級、進步的資產階級、小資產階級、大地主、中地主、自耕農、貧農及農村工人，以及工人階級等。台灣文化協會在一九二七年的分裂，正好顯示了階級分化的事實。林木順在大綱裏強調，台灣革命的主力軍，絕對不在右翼人士所領導的台灣民衆黨，而是農民與工人階級。

然而，林木順並沒有高估無產階級在當時的實力。在這個問題上，林木順的運動觀顯現了異於其他政治組織的獨到見解。他在大綱中指出，當時的左翼分子往往忽略兩個事實，一是台灣是日本帝國主義的殖民地，一是台灣本身還存在著封建制度的殘餘。爲什麼必須揭示這兩個事實？這是有理由的。因爲，台灣是殖民地，在島上發展的資本主義絕對不可能像殖民地國的日本那樣成熟。台灣的資本主義既未成熟，則島內的無產階級也絕對不可能像日本那樣具有實力。又由於台灣還存有封建制度的殘餘，階級意識就不可能完全覺醒起來，從而無產階級的成長也受到很大的限制。從這樣的認識出發，〈政治大綱〉才點出台灣共產黨應該扮演的角色，認爲必須負起責任去提升階級意識，並且必須積極促使無產階級在政治運動上結合起來。因此，台共黨員的立即任務是：

目前，應該組織台灣共產黨，成爲隸屬於日本共產黨的支部。特別是台灣過去尚無共產黨運動經驗，所以，將其組織成日本的一個支部格外重要。台灣共產黨的當前急務，即在於把散布在台灣各地參與實際運動的共產主義者，迅速地糾集起來，以這些革命的先進知識分子爲中心，著手從事組織的準備。在準備會議之後，努力吸收戰鬥的工人和農民爲黨員；然後，才能以工人階級和貧農爲基礎，建立嚴密而堅固的共產黨。㊽

這個運動觀點，規定了日後台共的發展原則。林木順特別突出台共做爲日共一個支部的意義，那不僅是爲了領導上的理由而已，同時也是爲了使日共在日本本國的鬥爭經驗能夠介紹到台灣。做爲日本殖民地的台灣，要顚覆帝國主義體制，顯然有必要借重日共的理論與力量。當台灣建立一個左翼的黨之後，才有可能把「革命」提到政治運動的日程表之上。因爲，在當時的政治團體之中，並沒有任何領導者提出台灣革命的主張。擔任起革命任務的，唯台共而已。

然則，台灣革命的前景如何？如前所述，工人與農民是台灣革命的主力軍。既然這兩個階級是主力，台共要怎樣動員他們？〈政治大綱〉的分析，暴露一個很大的缺陷，那就是只針對農民的願望提出訴求，卻沒有去分析工人的力量。〈政治大綱〉認爲，在日本統治所謂的「生產合理化」政策之下，使得農村破產，逼迫農民流離失所，瀕臨於餓死邊緣的苦境。在這種情況下，「必然會促使農民大衆動員起來，展開革命鬥爭，反對土地集中工業化，要求自由擁有土地。這是台灣全體農民的願望，也就是革命的主要動因」。只是，林木順在分析農民力量後，竟忽略去觀察工人的力量。在大綱中，他僅提到這樣的情況：「台灣工人羣衆已經覺悟到結合自己階級的必要性了。」在無產階級中，工人應該是居於核心地位，台共在建黨之初就暴露出不能確切去掌握，這似乎預告了日後該黨與台灣工人運動的疏離關係。林木順特別強調：「以台灣內部的社會條件的原動力，無疑的要以工人階級爲革命的領導者，如此革命運動就很容易朝向社會革命方面發展。」但是，這樣的見解並沒有得到更進一步的剖析。

無論如何，台共主張之台灣革命，乃是無可動搖的目標。要完成這個任務，台共提出兩個主要方向：「第一，統一全台的大小工會，將從未依地區、產業歸類的台灣工會，依產業類別重新組織，盡全力把所有的工人吸收進工會。第二，吸收農民的革命勢力，聯合工人階級與農民，使之結成戰鬥的同盟軍。」㊾從這些見解可以發現，台共已具體提出「同盟」的觀念。所謂同盟，自然寓有聯合陣線的意味。對於台灣抗日運動而言，這是政治思考的一大躍進。正因爲有聯合陣線的提法，台共才開始認眞思考如何與島內的政治團體保持一定的關係。在一九二八年，台灣旣存的兩大政治團體有二，一是右翼的台灣民衆黨，一是左傾的台灣文化協會。林木順針對這兩大組織，表示了明確的態度：

竭盡全力吸收所有反抗日本帝國主義的革命勢力，建立一個以工農民衆爲中心的反帝國主義大同盟。工人、農民各階級的聯合體——大衆黨——的組織是不可缺的。現在就必須暫時利用文化協會爲中心，作爲擴大共產黨活動的舞台，即一方面先克制它的幼稚病，吸收工農先進分子以及青年加入文化協會，另方面則極力暴露民衆黨的欺瞞政策，將受其影響的羣衆引向左方，漸次以文化協會作爲革命統一戰線的中心，而到一定時機後再改造文化協會，組織大衆黨。㊿

台共建黨的最主要運動策略，可以說都在這裏規定得很清楚。對於台灣民衆黨，林木順主張採取敵對的態度，因爲民衆黨實行的是一種欺瞞政策。究竟是怎樣的欺瞞，〈政治大綱〉其實並沒有予以討論。台共對於台灣民衆黨的解析，必須要等到一九二八年下半年才又由林木順提出來。有關這問題，後文將會討論。不過，在這裏需要指出的是，台灣民衆黨早在台共建黨之前，就已經訂立「扶助農工團體」的指導原則，並於一九二八年二月成立「台灣工友總聯盟」[51]換言之，台灣工人運動的領導權，被民衆黨搶先奪走一部分。而民衆黨被視爲右翼組織，亦即以資產階級爲中心的一個團體，因此工人運動的領導問題，很明顯已經成爲左翼、右翼的爭奪問題。這也是台共指控民衆黨的政策是欺瞞性的，因爲資產階級是不可能領導工人運動的。台共建黨以後，不斷對台灣民衆黨展開批判的理由，主要原因就在於此。

對於台灣文化協會的態度，台共基本上是採取暫時合作的策略。台共本身是一個非法的祕密組織，不可能以公開的形式展開活動。左傾以後的新文協，吸收不少左傾的青年與知識分子。所以，利用新文協的掩護，台共可以達到宣傳的目的，進而擴張其影響力。林木順把文化協會定位爲「革命統一戰線的中心」，完全是出自運動策略的考慮。台共與文化協會的關係，在建黨後就處於緊張狀態，便是由於台共企圖奪取文化協會的領導權，以便成爲黨的外圍團體。稍後，台共的激進成員更進一步想解散文化協會，無非是台共在奪取文協的領導權後，認爲外圍組織反而會阻礙台共的成長，因而有「解消論」的提出。這樣的發展，可能是當初林木順在撰寫〈政治大綱〉時沒有料到的[52]。

整個大綱的重心，在於提出「台灣民族」、「台灣革命」的主張。既如前述，台灣革命的力量有賴農民與工人的結合，那麼革命的目標又在那裏？林木順以「台灣共產黨與民族獨立運動」一節來總結大綱的全文。台共所領導的革命運動，終極的目標就在於追求台灣獨立。林木順指出，在殖民地社會並沒有「民族自決」或「民族平等」的存在，而只有經過革命方式的民族獨立。要達到這個目的，就必須透過工人、農民和共產黨的領導。資產階級及其政黨（即民衆黨），絕對不可能引導台灣完成獨立的任務。他強調，階級鬥爭不僅不會和民族革命有絲毫矛盾，而且還更有助於民族革命。基於這樣的考慮，他又提出「既鬥爭又聯合」的策略，也就是「一方面要根本將資產階級的妥協性和卑劣的陰謀予以戳破，另一方面還必須和他們產生密切的聯合戰線，使得資產階級接受工人階級的影響」[53]。

從台灣抗日運動史的觀點來看，林木順撰寫的這份〈政治大綱〉是相當深刻的重要文件。在目前能夠發現的政治分析中，恐怕只有蘇新、連溫卿、蔣渭水能夠與林木順並列，對抗日運動提出獨到、特殊的見解。無可否認的，林木順的觀點有很多地方都是受第三國際的指示，而這些指示又具有濃厚的列寧主義色彩。像「弱小民族的自決權」與「殖民地革命」的理論，都是列寧政治思想的重要部分。在林木順會提出這些主張，自然與他的留俄經驗有很密切的關係。不過，他能夠把「台灣民族」、「台灣革命」、「台灣獨立」的概念引進台灣抗日陣營，不能不說是一大貢獻。這不僅提升了台灣殖民地運動的視野與境界，而且也使台灣抗日運動成爲全世界無產階級革命的重要一環。只有把林木順放在這個角度來看，才能較爲準確評估他所具備的歷史意義。也只有從這個角度觀察，才能區別林木順與其他抗日領導者的不同之處。

林木順與〈農民問題對策〉

建黨大會之後的台共，立即就面臨日警的追緝挑戰。這就是所謂的「上海台灣讀書會」事件。讀書會的重要成員，大多是台共的建黨黨員，包括林木順、謝雪紅、翁澤生等。就在建黨大會前後，讀書會也正進行反日的宣傳活動。由於行動過於公開，引來日警的注意，而於一九二八年三月十二日與三月三十一日，讀書會成員先後被逮捕四人。到了四月二十六日，亦即建黨後第十一天，日警第三度對該會成員進行緝捕。這次被捕的人士，包括謝雪紅、張茂良、楊金泉與林松水[54]。其中謝雪紅是林木順的愛情同志，林松水則是林木順的弟弟。在這次追緝行動裏，林木順幾乎遭到逮捕。他與謝雪紅同居於上海法租界的辣斐德路東昇里三八九號。警察破門而入時，他僥倖從屋頂脫走[55]。

讀書會被捕事件，對甫建黨成功的台共打擊甚鉅；它不僅改變了黨的權力結構，並且也混亂了黨的運動方向。就權力結構而言，黨原來安排林木順必須回到台灣，而謝雪紅應該派駐東京。經過日警的破壞，謝雪紅被派遣回台灣，而林木順的身分也終於暴露。雖然他沒有被捕，但回到台灣的計畫就遇到困難了。林木順只能繼續留在上海指揮台共，使得整個黨的發展特別緩慢。就運動方向而言，經過此一打擊，台共與日共之間的聯繫更形困難，這使得中共對台共的干涉日增。部分參加中共的台籍黨員如翁澤生、王萬得，最後還組成同盟造成台共的分裂。台共的布局遭到阻撓是如此嚴重，以致林木順的角色必須有所調整。

謝雪紅遭遣送回台灣後，於同年六月二日在台中獲釋。她甫出獄，便立即展開黨的更生活動。在讀書會事件發生後，島內的黨員如蔡孝乾、洪朝宗、潘欽信聞訊都紛紛潛逃，黨的存在形同名存實亡。所以，謝雪紅決心從頭在台灣建黨。她一方面以讀書會方式吸收黨員，一方面積極參加文化協會與農民組合的活動，使得黨的基礎又重建起來，遠在上海的林木順，通過東京支部的陳來旺，間接與謝雪紅保持聯繫[56]。謝雪紅在台灣執行的運動原則，完全是根據林木順在上海建黨時所提出的工農運動提綱。正因爲有謝雪紅在島內的更生運動，終於又使黨獲得生機。設在東京的支部也受到刺激，陳來旺更加積極展開活動[57]。

林木順鑒於黨的活動日益熱絡，乃於一九二八年八月潛往東京。這時的東京支部已經吸收林兌與林添進爲新黨員，活動範圍大爲擴張。林木順到東京時，繼續使用「林民埈」的假名進行活動。他所做的第一件工作，便是主持林兌與林添進的入黨儀式[58]。另一個工作便是協助東京支部與日本共產黨中央建立聯繫關係。這個工作原是應該由謝雪紅承擔的，現在就必須由林木順負責，然後再交給陳來旺去做。不過，林木順到東京的主要任務並不止於此；還有一個更為重要的工作，乃是他帶來一份以台灣話寫成的重要文件，那就是〈農民問題對策〉59。

林木順在建黨大會提出的〈政治大綱〉與〈工農運動提綱〉，再三強調農民在台灣革命運動中的重要性。台共認識到，台灣農民組合是島內農民力量的主要集結中心。但是，如果僅由農民組合來領導，將阻礙革命重心的凝聚。他們認為，農民組合的領導者未能區分大眾團體與革命政黨的不同，也未能認清殖民地革命是屬於民族獨立革命。他們更認為，台灣革命並不僅僅是階級鬥爭而已；農民組合領導者未能進一步進行工農聯盟的工作，更未曾明確提出對封建地主與帝國主義的反抗60。

謝雪紅在島內既然已介入台灣農民組合的組織活動之中，台共更加有必要給予恰當的支援。一九二八年十二月，台灣農民組合即將召開第二次大會，〈農民問題對策〉這份文件必須趕在農民組合大會之前送回台灣。這份文件的重點大致可分成下列十點：

一，要強化農民組合的思想武裝，非得發行全島性的機關刊物不可。一方面爭取政治言論自由，一方面對農民大眾展開思想訓練。

二，台共組織的活動與農民運動，其實是台灣民族的共同鬥爭，都是同樣要打倒日本帝國主義，也要廢除反動地主及其他一切封建的殘餘。

三，土地問題是當前農民大衆決死鬥爭的根本目標，也是台灣民族民主革命的社會內容。所以，提出「土地還給人民」、「土地公有化」的要求，乃是正確的。

四，台灣革命的指導權，應屬工人階級無疑。就台灣各階級的勢力關係與階級結構來看，勞動者（即工人）才是台灣革命的指導者。因此，革命的指導權並不在農民手上。不過，農民是台灣革命獨一無二的同盟軍。

五，農民組合應成立「自衛團」組織，可以用來守衛各種大會的召開，也可與日本警察對抗。

六，在各地成立短期青年農民講習所，講授白話文與共產主義入門知識。

七，發展全島性的農民組合救濟部，擴大組織與救濟的範圍。因爲，日本警察對農民運動的鎮壓與逮捕日益升高。

八，台灣農民運動必須擴大視野，而與中國、日本、朝鮮的農民攜手合作。

九，吸收更多的農民參加組織，包括貧農、雇農、青年農民與農村婦人。

十，應該在農民組合內策動展開對連溫卿宗派的鬥爭。連溫卿是機會主義者，是反共產主義者。他的勢力留在組合內，將影響黨的發展。因此，連溫卿收買的楊貴與謝進來，也必須予以鬥爭清除[61]。

〈農民問題對策〉代表林木順的農民運動觀點。這份文件突出兩個重要論點，第一，確立工人是台灣革命的主力軍，而農民是同盟軍。換句話說，工人運動才是台共的發展重點，農民運動乃是做爲輔助作用的。第二，確立台共對連溫卿的批判立場，正式介入台灣文化協會領導權的爭逐。這兩個觀點其實是一而二、二而一的問題。在左翼運動中，眞正屬於無產階級的只有工人而已，因爲農民至少還具備了生產工具，工人則一無所有。正統的馬克思主義者，往往把革命的重心放在工人階級之上，台共亦不例外。前面已經提過，台灣的工人運動因爲有民衆黨組成工友總聯盟，領導權被右翼工會奪走一半。在左翼工會方面，新文協的連溫卿在一九二八年六月倡議，成立台灣總工會的組織，這是與民衆黨的右翼工會對抗的團體。在連溫卿領導下，新文協還準備建立「台灣勞動團體統一聯盟」[62]。整個形勢很清楚，右翼工會既爲民衆黨組織於先，左翼工會又爲連溫卿倡議於後，台共要爭奪工人運動的領導權確實有很大的障礙。台共已經規定工人階級是革命的主力軍，那麼，要領導工人運動，就必須與現有工人團體爭取領導權。在左翼陣營，台共勢必要與連溫卿發生衝突不可。〈農民問題對策〉的重點雖然是討論台灣農民組合，但其主要目標乃是要挑起批判連溫卿的運動。在抗日運動史上，新文協的再度分裂是一重大事件，連溫卿在這次事件中終於被新文協除名。發動這場除名行動的，竟然是遠在上海的台共黨魁林木順。

林木順提供的〈農民對策問題〉，交給林兌轉送到台灣後，由謝雪紅自農民組合提交討論。一九二八年十二月二十五日，謝雪紅把這份文件轉達給農民組合領導者簡吉，指示他要促使這個農民組織轉任成由台共指揮的團體[63]。十二月三十日，農民組合全島大會正式在台中市初音町的「樂舞台」正式召開。經過兩天的會議農組發表了大會宣言。從精神與內容來看，這份宣言可以說具體反映了〈農民問題對策〉的指導性：「在我們的公敵帝國主義者尚未垮台、封建餘孽尚未殲滅、民族解放尚未成功的現在，不論是從民族的、政治的反帝國主義的戰線來看，或是從農民本身的土地、民主主義的解放運動來看，在這次大會中所提出的工人結社問題，台日鮮共同委員會問題，大衆黨組織促進問題，機關誌問題，救援會問題，青年部、婦女部之確立，關係到農民生存的耕作權之確立，生產物管理權之確立及小作料減免……等之問題，都是極其重要的，也是在殖民政策蹂躪下的我們未嘗須臾或忘的問題。」[64]

農民組合的全島大會宣言，預告了台灣農民運動的提升。他們不再只是注意個別農民的土地抗爭，而是把全體農民的利害關係與整個反帝國主義運動結合起來。對他們來說，農民運動與台灣民族解放運動是不能分開的，不僅如此，他們既關心台灣農民的權益，同時也對日本、朝鮮的農民表達結盟的意願。凡此都足以顯示，台共對農民組合的影響已經產生作用。雖然在一九二九年二月，農民組合遭到日警的大逮捕，台共擬定的農民運動策略沒有受到動搖。在島內的台共領導者謝雪紅，更加積極介入農民組合的活動，使其成爲台共的外圍組織。農民組合的左傾化，在抗日運動中是值得注意的一個史實。這樣的變化，無疑源自林木順的指導原則。

新文協之逐出連溫卿

台共以農民組合為重要據點，其目的並非只滿足於領導農民運動而已。更爲重要的目標，乃是要藉農民組合的力量去奪取新文協的領導權。如果不能控制新文協的話，台共就很難指揮台灣的工人運動。新文協在工人運動方面產生兩種見解，一是連溫卿主張成立「台灣總工會」，一是王敏川主張組織的「台灣勞動團體統一聯盟」。這兩種見解的不同處，在於連溫卿只希望成立一個左翼工會，以便對抗民衆黨的右翼「工友總聯盟」。但是，王敏川則主張組織一個由左、右翼工會結合起來的「台灣勞動團體統一聯盟」。王敏川的立場，非常接近台共的工人運動策略，所以他能夠獲得謝雪紅的支持。假使台共要控制新文協的話，就有必要採取行動來驅逐連溫卿。

在〈農民問題對策〉的文件裏，林木順已經提出要打倒連溫卿一派的口號，連溫卿被指控爲「社會民主主義者」、「投機主義者」、「逃避主義者」。台共的這份文件說：「連派乃是根本反對民族鬥爭。這是因爲他們對台灣民族革命沒有理解，完全無視台灣客觀的現狀形勢，此乃他們最大的謬誤。共產國際規定，在殖民地，共產黨最重要的初步任務，乃是動員勞農大衆打倒帝國主義，爲民族的獨立而鬥爭。連派由於反對共產主義的緣故，當然對此根本任務無法理解。台灣革命的現階段鬥爭目標，便是獨立運動，打倒帝國主義，建設最大多數的民主共和國（勞農獨裁制）。」[65]這是從意識形態與政治立場的角度來批判連溫卿。事實上，連溫卿是不是反對民族鬥爭，是不是反對共產主義，誠然值得商榷，林木順在當時爲了奪取新文協的領導權，遂不惜製造罪名來指控連溫卿。台共對連溫卿的抨擊還不止於此，最嚴重的是，連溫卿反對成立左右翼工會的統一運動，這是分裂主義的做法。台共認爲，在日本資本家的壓迫下，即使是屬於右翼工會的羣衆也應該去爭取支持。〈農民問題對策〉指出：「在帝國主義時代，民族鬥爭並非單純的問題。民族問題乃是無產階級專政重要問題的一部分。所以，（連溫卿）他們反對現實階級鬥爭的同時，也可證明他們是反對共產主義的。」[66]類似這樣的抨擊，都過於抽象。林木順領導的台共，只不過是爲了挑戰連溫卿的領導權，所以才竭盡思慮去構築罪狀。

如果台共與連溫卿在工人運動的見解上有分歧的話，在於前者主張「統一戰線」，後者主張「雙元主義」。具體而言，第三國際的戰略乃是規定各國共產黨必須集中一切反抗力量，才足以顛覆帝國主義。在個別的國家裏，每一國只能有一個共產黨；在個別的運動裏，每一運動也只能有一個組織。因此，台灣的共產黨僅能隸屬日共，以符合「一國一黨」的策略。同樣的，在台灣農民運動中，台共之所以全力支持台灣農民組合，因爲那是唯一爭取農民權益的團體。依照同樣的推理，工人運動也只能有一個組織。這說明爲什麼台共一直在推動全島勞動團體統一聯盟的成立。連溫卿主張左、右工會應該對抗的說法，自然就引來台共強烈的批判。

林木順在一九二八年十一月回到上海後，著手撰寫一份有關台灣工人運動的文章。一九二九年一月，林木順完成了這篇文章，題目是〈台灣勞動組合統一運動與左翼當前的任務〉。然後，這篇論文寄給東京的陳來旺，請他譯成日文，並以「林先烈」的筆名，發表於一九二九年三月的左翼刊物《馬克思主義》[67]。從這份文件可以了解，謝雪紅在島內從事更生運動之際，仍然與林木順保持頻繁的聯繫。同時，也可以發現，林木順雖然留在上海，他對島內的運動還是能夠給予指導。他們之間的聯絡管道，自然是經過台共的東京支部。

這篇文章首先指出，台灣工人運動的升高，乃是以一九二七年高雄機械工人的罷工爲契機。雖然罷工失敗，但從此卻出現了工人的「共濟會」、「相互扶助會」等原始組織。工人運動並不能只是停留於這樣的色彩，在金屬、礦山、電氣、運輸等方面，幾乎還沒觸及組織的工作。文件進一步分析，台灣工人運動不只組織微弱，由於福本主義的影響，也由於民族資產階級的策動，工會組織自始就左右分裂了。一九二八年二月，在右翼資產階級的民族改良主義者指導下，組成了「工友總聯盟」，只是順從日本帝國主義的體制，並且只注意勞資之間的調和，拒絕與左翼工會合作[68]。這種情況，將只有使工人運動的力量不能成長。

要對抗帝國主義的壓迫與資本家的掠奪，全島的工人應該團結起來，使力量結合起來。

但是，林木順在文件裏表示，左翼人士對於成立工會的意見卻有兩種，一是立即完成全島的結盟，一是先成立統一同盟協議會。前者自然是來自連溫卿的見解，希望左翼工會要趕快完成結盟。後者則是來自島內的台共同志，亦即以謝雪紅爲中心的領導者，堅持要把所有的工人，不分左翼、右翼，全部要結合起來。値得注意的是，林木順最初的看法與連溫卿非常接近。換句話說，在工人運動的策略方面，林木順與連溫卿原來並沒有多大分歧。還說明了爲什麼林木順只在農民運動方面批判連溫卿，至於在工人運動方面反而著墨較少。

那麼，林木順對工人運動的見解又是如何?他認爲，左翼工會過於分散孤立。由於罷工行動的慘敗，使得不論左、右工會都瀕臨危機。台灣的黨，如何通過工人運動，以建立一個無產階級的組織，乃是當前急務。只有通過羣衆運動，才能使更多工人被吸收進來。所以，在左右統一戰線成立以前，台共應該先成立左翼工會，而不應繼續拖延下去。但是，林木順的觀點引來島內同志的反對，其反對的理由如下：

一，工人並沒有左翼右翼之分。對於資本家，利害關係都是相同的。因此，在左右翼工會的全島結盟之前，僅是完成左翼的全島串連，自然會造成左右兩翼對立的尖銳化，則統一戰線就不可能去做了。

二，全島單一工會（亦即左右工會結盟）的完成，非得經過長期的鬥爭不可。所以，左翼總工會（左翼的全島性結盟）即時成立，並不可能會以眞正的大衆爲基礎，最後只不過是幹部的集合而已。

三，雙元的工會主義，必然是在國際方面犯了謬誤。

四，左翼的全島性結合，乃是反動派連溫卿的主張，並不可行[69]。

島內同志很快就點明，林木順的見解與連溫卿的主張是相互符合的。既然台共有意要奪取新文協的領導權，在運動策略上應該要與他劃清界線。何況，僅是成立左翼工會的話，將觸犯第三國際所規定的戰略原則。勞動組合雙元化之後，工人運動的力量必將分散了。林木順對於上述的反對意見，提出他個人的答覆：第一，他不認爲左翼總工會的成立，會導致左右對立的尖銳化。如果有尖銳化的話，乃是左右指導意見對立的尖銳化，這是必然的。如果左右幹部爲了各自黨的立場而對立，即使左翼工會不成立，也同樣會分散。只是固守小格局的鬥爭方法與指導意見，並不能充分代表廣大工人羣衆的現實要求。第二，所謂不能獲得羣衆的基礎，等於是指不能獲得代表羣衆利害的鬥爭之領導權。難道右翼工會之外，台灣就沒有羣衆了嗎?第三，要突破社會民主主義的右翼工會，非得組成左翼工會不可。避開與左翼工會的鬥爭，切斷與右翼羣衆的接觸，才是犯了雙元主義的謬誤。第四，認爲這種見解就是連溫卿的主張，並不值一駁[70]。

林木順的觀點，也頗具說服力。只有在左翼工會建立起來後，台共在工人運動方面才有據點。勇於與右翼工會對抗，勇於與右翼羣衆接觸，才能使工人運動左傾化。所以，他主張應加速成立左翼工會，宣傳左派結盟的必要性，召開左翼工會的統一同盟協議會，並組織委員會，發行機關報等等㉑。林木順反覆申論他的立場，主要是因為他意識到台共必須負起領導工人運動的責任。島內同志會與他進行論辯，當然也反映了工人運動的迫切性。沒有一個共產黨會與工人運動脫節，台共在建黨之後之所以要積極解決這個問題，理由就在於此。這樣的討論，並不能只從平面的文字來理解，而必須把台共放置在當時的社會脈絡來觀察，才可以發現林木順領導下的台共的用心所在。

林木順的意見顯然沒有得到島內同志的支持。以謝雪紅為領導的島內黨中央，比較具有實際的運動經驗。她並不認為應該那麼急切成立左翼工會。從林木順的那篇文章，可以推測出謝雪紅的策略。她一方面主張積極分子應參加左、右翼的工會，一方面在團體裏教育羣衆、動員羣衆去鬥爭，以確立組織。其次，便是把各地的地方協議會建立起來，促進左、右翼工會的共同鬥爭。等到大部分的工人都左傾時，才舉行全島代表者會議，結盟成為單一性的全島工會㉒。這種「漸進論」與「左右合一論」，完全不同於林木順的急切心情。

緊接著在一個月後，即一九二九年四月，林木順再度以「林先烈」筆名發表一篇修正自己觀點的文章，同樣發表於《馬克思主義》月刊。在這篇文章裏，他修正前文的第三與第四論點。也就是觸犯第三國際規定的單一工會的原則，以及對連溫卿問題的評估。首先，林木順承認自己脫離了現實，他的看法只是反映一年前建黨大會時的主張。經過一年的發展，台灣社會內部已有很大的變化。他認為，島內黨中央的判斷與決定，才能符合運動的要求。這篇題為〈關於台灣勞動組合統一問題的訂正與補充〉的短文，建議島內同志可以自行充分討論[73]。在這裏，林木順似乎隱約暗示，謝雪紅通過更生運動所建立起來的島內黨中央，應該有它的權威地位。也就是說，台共領導權已開始從上海的林木順過渡到島內的謝雪紅。

這篇短文的重點，其實是要強化他對連溫卿的批判。他說，連溫卿代表的社會主義者的背叛，已越來越清楚。由於他的勢力相對地壯大，我們必須提早一日確立強化黨組織，同時使革命的勞動組合統一，強大起來。林木順指出，連溫卿是當前台灣具代表的左翼指導者，他的解黨主義乃是日本山川主義在台灣的眞正「落胤」（私生兒）。台灣共產黨遭到檢舉時，連溫卿曾經在公開集會裏揭發某人是黨員的身分。現在，他又在大衆團體內製造心腹分子，策動全島性的串連。農民組合裏的楊貴派系，就是他們的一支。因此，連溫卿一派所謂的全島總工會結成論，便是根本與台共對立。這不僅是否定共產黨的意味，而且也是拒絕與右翼組成共同戰線的意味。這是徹底的分裂的合理化論，也是主張永久分裂的社會民主主義者的分裂論。林木順在這篇短文以這樣的主張做為結論：「他們在台北地方的勞動組合占有了勢力。台北地方乃是台灣的主要工業地帶，我們非要在這個地方擴大革命勢力不可。因此，對於連溫卿一派的左翼社會民主主義者的鬥爭，有必要再三強調。」[74]批判連溫卿的方針，就這樣確立下來。台共從此積極展開行動，想盡辦法要把連溫卿驅逐出新文協的組織。

對於這個歷史事件，連溫卿在戰後仍在爲自己辯護：「在其（林木順）文中並無詳細指明連氏於何年何月何日在何地辱罵共產黨，亦無明白指示何事爲分裂主義。唯此與文協中央委員會所述之事互相脗合。要求參加工友總聯盟，提倡總工會之即時結成等等，本與共產黨無關，我可以在此明言，如有其細胞組織之工友協助會，自代表大會以後爲何意氣不振？」[75]連溫卿的說法應屬可信。但是，他並未理解到，林木順攻擊他的各種罪名，有的是捏造，有的是基於意識形態的要求，有的更是基於台共勢力擴張的考慮。林林總總的理由，目的都在於挑戰連溫卿的領導地位。連溫卿所謂台共在「代表大會」以後便意氣不振，指的是一九二九年十一月，新文協舉行的第三次全島代表大會。在這次大會中連溫卿正式遭到除名。

新文協的全島代表大會是在彰化召開的。新文協的親台共成員，與受到台共控制的台灣農民組合代表，聯手發表一篇文件，題目是〈關於排擊左翼社會民主主義者連溫卿一派致代表諸君檄文〉[76]。檄文的主要內容，完全是延續林木順撰寫〈農民問題對策〉與有關工會統一同盟兩篇文字的精神。把連溫卿形容爲「地域主義者」與「分裂主義者」。罪名既已成立，又爲新文協領導幹部的接受，連溫卿與楊貴遂一起遭到除名。成功地逐出連溫卿之後，台共終於奪得新文協的領導權。僅從台共史的觀點來看奪取新文協領導權的行動，是值得大書特書的事件。而這個事件發展的始末，當以林木順的功勞最大。然而，從整個抗日運動史來評估的話，連溫卿事件的功能仍有待審慎的評估[77]。

在建黨大會上，原先負有遷黨回台任務的林木順，由於經歷上海讀書會事件之發生，遂未能完成回台的工作。他與島內的聯繫，往往必須迂迴透過東京支部的協助。但是，在驅逐連溫卿的行動上，已透露出他與島內工作有脫節的現象。他所掌握的台共領導權，也不能不隨著轉移到謝雪紅的身上。一九二八年十一月謝雪紅在島內召開第一次台共中央會議時，她從候補中央委員的地位，升爲中央委員，與莊春火、林日高並列。這等於確立了島內黨中央的權威，林木順的黨書記頭銜，也轉移給林日高。因此，台共的林木順體制可以說在這時候就終止了。

但是，喪失書記長頭銜的林木順，並沒有因此就完全與台共脫離關係。他以「林先烈」筆名撰寫的兩篇有關工人運動的文章，都是在卸下書記長職務之後完成的。做爲一名左翼的戰鬥者，林木順的行動並不遜於任何一位台共黨員。然而，林木順最後還是失去與台灣黨中央聯繫的管道。最重要的原因是，東京特別支部在一九二九年三月被破獲。

東京特別支部可以說是林木順與陳來旺合作建立起來的。一九二九年三月，日共中央事務局長間庭末吉遭到檢舉，日共黨員名簿也一併被發現；名單上有三位台灣籍黨員的密碼。

日警遂在東京台灣學術研究會進行了解，搜查了四十三名主要會員的住處。終於判斷陳來旺、林兌、林添進屬於台共黨員[78]。這個成立僅及半年的特別支部，終於在日警逮捕行動下宣告終結。

東京的聯絡管道被截斷以後，林木順的政治活動就完全拘限於上海租界地。在這段期間，他正式加入了中國共產黨[79]。不過，他的整個活動仍然與留學中國的台灣學生保持密切關係，並且指導他們從事政治運動。其中最值得注意的，便是他與翁澤生一起組織「上海台灣青年團」，並且以這個團體與中國、朝鮮、台灣等七十餘個政治團體聯合成立「上海青年反帝大同盟」，於一九二九年六月十六日宣告正式結盟，並於第二天的六月十七日，亦即日本統治台灣的「始政紀念日」，繼續成立「東方被壓迫民族反帝大同盟籌備會」。林木順與翁澤生在這一連串活動中，都扮演了關鍵性的角色[80]。

在台灣青年集團裏，翁澤生、林木順、楊春松都並列爲指導者。這個組織與島內台灣共產黨保持密切的聯絡，並且也吸收在上海的台灣留學生，以期聲援中國革命的同時，也培養台灣革命的鬥士。林木順等人，也透過這個組織與其他亞洲左翼團體聯絡。一九三〇年一月與三月，台灣青年團先後發表聲明支援朝鮮的獨立革命運動，他們的口號是「朝鮮獨立成功萬歲」、「台灣獨立成功萬歲」、「中國工農革命萬歲」、「世界革命成功萬歲」[81]。在這些行動中，可以發現林木順的政治視野仍然沒有偏離第三國際的策略。三〇年代台共在追求台灣獨立的目標之際，並未遺忘對朝鮮革命、中國革命與世界革命的聲援。

值得注意的一個事實是，林木順在一九三〇年四月後就失去了活動的紀錄。原來他遭到中國憲警的逮捕，直到一九三一年四月他才出獄，台灣青年團的成員召開歡迎會來安慰他[82]。可能是逮捕他的憲警屬於中國特務系統，所以他的台共黨員身分並沒有暴露出來，才得以安然出獄。然而，就在他受到監禁的一年期間，正是翁澤生發動台共黨內的「上大派」組成「改革同盟」，全力圍剿謝雪紅的島內黨中央，而終於奪取台共的領導權[83]。如果林木順沒有入獄的話，翁澤生是否能夠順利發動黨內政變，頗值得推敲。因為，以林木順與謝雪紅的同志關係來看，他是否會坐視翁澤生假藉中共名義來干涉島內黨中央，這是值得思索的歷史公案。謝雪紅能夠在島內從事更生運動，並成功建立了黨中央，無疑是獲得林木順的大力協助。沒有林木順的幫助，東京特別支部能否組成，以及島內黨中央能否建立，都相當令人懷疑。一九三一年四月林木順出獄後，得知黨內權力結構的逆轉，想必有很大的震撼。

一九三一年六月，謝雪紅在台灣被捕之際，林木順正在上海成立「旅滬台灣青年反帝同盟」，這個組織決定發行《反帝報》。編輯成員包括林木順、翁澤生、楊春松。同時，林木順也擔任了組織的總務一職。他召集了楊春松、蔣文來、陳炳楠、高水生、董文霖等人舉行會議，並邀請一位中國共產青年團江蘇省委員列席，成立上海台灣反帝同盟支部，決定改組擴大，積極促進運動。同年六月七、八日，林木順召開會議，討論如何在「六一七日本始政紀念日」發動抗議示威。六月十七日正式發行《台灣獨立革命紀念專號》，這份專號的〈發刊辭〉，顯然出自林木順的手筆：「現在階級鬥爭正日益尖銳化，但由於踐踏勞農大衆的白色恐怖，虎視眈眈地肆意虐殺，使得從市鎮到鄉村的革命鬥爭，不斷發生流血的慘劇。這種現象，乃是在世界各地帝國主義高壓下的殖民地更加慘酷橫行。就在最近，日本帝國主義者逮捕虐殺台灣共產黨員與左傾的革命羣衆，破壞反帝鬥爭的組織，並蹂躪國際勞動日的示威鬥爭。虐殺無數革命蕃人的事實，便是背書上述慘行的有力證據。霧社暴動後，日本帝國主義者更加慘酷壓榨蕃人，公然煽動蕃人虐殺無數蕃人。日本帝國主義者會做出這種暴行，並非只是壓迫蕃人的局部問題，而且也是對台灣革命大衆的耀武揚威。」❽❹遠在上海的林木順，不僅了解一九三〇年霧社事件始末，也了解台共黨員正在島內遭到大逮捕。

一九三一年七月二十二日，上海台灣反帝同盟的成員陳炳楠、董文霖遭到逮捕，日警終於發現這個組織的存在。於是，一連串的逮捕行動積極展開，幾乎上海所有的台灣左翼人士都無一倖免。這項逮捕一直到一九三三年翁澤生、楊春松被捕後才宣告終止。日本警察爲了這次大逮捕行動，編了一冊《上海に於ける日本人及台灣人共產主義運動史》❽❺。當所有的同志都一一落網後，林木順再一次成功地躲過逮捕。從此，有關林木順的音信全然消失。

林木順到那裏去了？這個問題變成一個傳說。蘇新在其〈自傳〉說：林木順「後來在瑞金方面的戰鬥中犧牲」❽❻。而林木順的家屬則相信，他可能就是後來中共的領導人林彪❽❼。因爲，林彪的長相與林木順的輪廓非常相似。無論如何，種種傳說增加了他在台共史上的神祕性。

做爲台灣共產黨的創建者，林木順爲台灣抗日運動開拓了相當廣闊的空間。台北師範學院開除這位性格叛逆的學生時，從來也不會預料到他竟然會遠走到莫斯科留學，並且與台灣傑出女性謝雪紅共同領導左翼運動。一九二四年他離開台灣以後，就再也沒有回到故鄉。在遠走他鄉的時期，林木順反抗日本帝國主義的決心從未動搖過。他訂定的革命策略也許加速島內政治運動的分裂，但他做爲殖民地知識分子的風骨則無可否認。他在幕後指揮台共去批判連溫卿的事實，值得歷史家去評估其功過。有關這個歷史事件，將在另一篇論文做進一步討論。

謝雪紅在二二八事件逃亡到香港時，發行一冊以「林木順」筆名所寫的《台灣二月革命》，才使得林木順的名字留下來。正因爲如此，後來的史家誤以爲他在戰後初期還活在人間[88]。對於這位早逝的台灣左翼戰鬥者，恐怕還需要挖掘更多的史料來認識他的眞貌。在塵埃落定之前，可以確定的一個事實是，林木順是台灣殖民地政治運動中不可多得的左翼領導者。

註釋

❶謝雪紅、蘇新、楊克煌等人在香港流亡期間，與當時中國民主同盟的人士有過來往，也與台獨運動領導者廖文毅嘗試合作。《新台灣叢刊》是謝雪紅等人，在與廖文毅分裂後自行出版的宣導刊物。叢刊的書目如下：

第一輯，《新台灣》，一九四七年九月二十五日。

第二輯，《勝利割台灣》，一九四七年十一月一日。

第三輯，《明天的台灣》，一九四七年十二月一日。

第四輯，《自治與正統》，一九四八年一月一日。

第五輯，《台灣二月革命》，一九四八年二月二十八日。

第六輯，《台灣人民的出路》，一九四八年四月一日。

其中，只有《台灣二月革命》是一冊專書，其餘都由不同撰稿人合作寫成，較屬雜誌性質。

❷參閱周明口述、何絢訪問整理〈周明先生談二二八〉，《台灣與世界》第三十九期（紐約，一九八七年三月），頁一四—一八。

❸日文版《台灣二月革命》，是由日本民主中國研究會在一九四九年二月二十八日出版，封底註明是「非賣品」，並標示「台灣二·二八事件週年紀念刊行」。該書較中文版多出一個附錄，即中共機關報《解放日報》在一九四七年三月發表的社論〈台灣自治運動〉。

❹陳俐甫〈明鐘與塵埃——幾本二二八研究著作之評介〉，《自立早報》（一九九〇年二月二十八日，第十九版）。該文指出：「夏潮系的創造出版社重印了《台灣二月革命記》，作者卻改爲『林目順』，不知是不知道原作者爲楊克煌，還是故意改作者之名以增加賣點，總之，『林木順』改成『林目順』是完全不重視原作者（楊克煌）的行爲，而且也沒有使用『林木順』爲代名時的特殊紀念涵義了。」

❺有關台共研究在台灣呈現荒疎的原因，參閱陳芳明〈左翼抗日運動的新探索——序盧修一著《台灣共產黨史》〉，見盧修一《日據時代台灣共產黨史》（台北：自由時代出版社，一九八九），頁八—一五。有關台共當事人留下來的著作中，現在可以看到的專書僅有三種，包括蘇新《憤怒的台灣》（香港，一九四八）；蕭來福《台灣解放運動的回顧》（台北，一九四六）以及楊克煌《台灣人民民族解放鬥爭小史》（武漢：湖北人民出版社，一九五六）。

❻關於謝雪紅與中共的恩怨問題，以及中共對謝雪紅的歷史評價，參閱陳芳明〈潔白的火花——緬懷台灣民族鬥士謝雪紅〉，收入《台灣人的歷史與意義》（台北：敦理出版社，一九八八），頁一六七—八八；陳芳明〈陳儀與謝雪紅——二二八人物的再評價〉，收入同書，頁一八九—二〇一。

❼翁澤生是唯一被中共官方立傳的台灣人，因爲翁是當年接受中共指導，策動向謝雪紅奪權的幕後鼓動者。參閱蕭彪、楊錦和、王炳南、許偉平合撰〈翁澤生〉，收入胡華主編《中共黨史人物傳》第二十七卷（西安：陝西人民出版社，一九八六），頁一四一—六〇。

❽林木順的早期資料，係由林炳炎先生提供，在此特致最大謝意。林炳炎是林木順的過繼兒子，他的生父是林木順胞兄林庚錦。一九八九年七月，筆者返台時，林炳炎先生協助甚力，並代爲引見林木順的弟弟林松

水先生，獲得一些口述紀錄。此處所引用資料，係根據林炳炎提供的林家戶籍謄本。

❾根據林炳炎提供的《林家族譜》。

❿林炳炎〈許作霖訪談記〉（未刊筆記），一九八九年七月五日的紀錄。許作霖是林木順當年在南投公學校的同學，受訪時八十一歲。

⓫林炳炎〈李禎祥訪談記〉（未刊筆記），一九八九年七月的口述紀錄。李禎祥也是林木順的同學，受訪時八十二歲。

⓬林木順的學籍資料，也是林炳炎先生提供。

⓭參閱林木順在北師的成績單，林炳炎提供。

⓮見「林木順生徒明細簿」，林炳炎提供。

⓯李仲〈台灣義勇隊隊長李友邦〉，《台聲》一九八六年第四期（北京，一九八六年七月），頁四三。

⓰同⓮。

⓱一九八九年七月九日，筆者在林炳炎的引導下去拜訪林松水先生。此處參考林炳炎的〈林松水叔訪問記〉（未刊）。林松水逝世於一九九一年。

⓲參閱古瑞雲（周明）《台中的風雷》（台北：人間出版社，一九九〇），頁一三二。

⓳張深切《里程碑》第一冊（台中：聖工出版社，一九六一），頁一五七。

⓴台灣總督府編《日本統治下的民族運動》（原名《台灣總督府警察沿革誌》）下冊（東京：台灣史料保存會複刻，一九六九），頁七四。

㉑同上，頁五八八。

㉒同上，頁七七。

㉓柏生〈台灣民主自治同盟領袖——謝雪紅〉，《人民日報》（北京，一九四九年九月三十日，第二版）。

㉔德田球一〈動亂の中國にて——一共產主義者の思出（一二三）〉，《アカハタ》（東京，一九四八年七月七日，第一版）。

㉕有關「上大派」的討論，參閱陳芳明〈台灣抗日運動中的中共路線——以台共「上大派」主腦翁澤生爲中心〉，《中國論壇》第三六四期（台北，一九九一年一月），頁二九—三八。

㉖中國共產黨台灣支部如在一九二五年成立於上海的話，那麼就比台灣共產黨的建黨時間還早。中共台灣支部在台北的設立是一九二八年七月，則比台灣共產黨的成立稍晚。在史料中第一次提到中共台灣支部的組織名稱，乃是台共成員陳來旺在東京被捕時的口供。參閱〈陳來旺聽取書〉，收入山邊健太郎編〈日本共產黨台灣民族支部東京特別支部員檢舉顚末〉，《台灣㈡》（現代史資料22，東京：みすず書房，一九七一），頁九〇。

㉗《警察沿革誌》，頁五八八。

㉘Dan N. Jacobs, *Borodin: Stalin's Man in China*, Cambridge: Harvard Univ. Press, 1981, P.144.

㉙見㉔。

㉚楊子烈〈莫斯科東方大學〉，《張國燾夫人回憶錄》（香港：自聯出版社，一九七〇），頁一六六—六七。

㉛風間丈吉《モスコ——共產大學の思い出》（東京：三元社，一九四九），頁一三四。

㉜參閱史明《台灣人四百年史》（加州聖荷西：蓬島文化公司，一九八〇），頁五六六。更爲詳細的描述參閱市川正一《日本共產黨鬥爭小史》（東京：希望閣，一九五四增補版），特別是第四章〈再建大會から再組織まで〉的最後一節「コミンテルン執行委員會の日本問題決議」，頁七六—八一。

㉝楊克煌《台灣人民民族解放鬥爭小史》（武漢：湖北人民出版社，一九五六），頁一三〇。

㉞《警察沿革誌》，頁五八九。

㉟同㉖，〈陳來旺聽取書〉，頁八五—八六。

㊱蕭彪、楊錦和、林炳南、許偉平〈翁澤生〉，《中共黨史人物傳》第二十七卷（西安：陝西人民出版社，一九八六），頁一五〇。

㊲《警察沿革誌》，頁五八九。

㊳〈陳來旺聽取書〉，頁八六。

㊴同上。

㊵《警察沿革誌》，頁五九〇。

㊶〈日本共產黨との關係〉，收入山邊健太郎，前引書，頁二五六。

㊷陳碧笙《台灣地方史》（北京：中國社會科學出版社，一九九〇），頁二六四。

㊸劉大年、丁名楠、余繩武著《台灣歷史概述》（北京：三聯書店，一九五六），頁七二。

㊹蘇新〈蘇新自傳〉，收入蘇新《未歸的台共鬥魂——蘇新自傳與文集》（台北：時報文化，一九九三），頁四一。

㊺〈陳來旺聽取書〉，前引書，頁八七—八八。

㊻有關台共組織的權力分配，較爲簡要的討論參閱陳芳明《謝雪紅評傳》（台北：前衛出版社，一九九一），頁九一—九四。

㊼台共政治大綱的最好翻譯，可以參閱盧修一譯〈一九二八年台共政治大綱〉，收入盧修一著《日據時代台灣共產黨史》（台北：自由時代出版社，一九八九），〈附錄一〉，頁二〇三—一七。〈政治大綱〉的原文，收入《警察沿革誌》，頁六〇一—一三。

㊽盧修一，前引書，頁二一一。

㊾同上，頁二一三。

㊿同上，頁二一三—一四。

51有關台灣民衆黨成立「台灣工友總聯盟」的始末，參閱簡炯仁著《台灣民衆黨》（台北：稻鄉出版社，一九九一），第四章〈工友總聯盟〉，頁一五一—七五。

52關於台共與左傾新文協的關係，筆者正撰寫一篇〈連溫卿與一九二七年的台灣〉，較爲詳細討論這個歷史公案。

53盧修一，前引書，頁二一六。

54「上海台灣讀書會事件」始末的扼要敘述，請參閱陳芳明，前引書，頁九五—九八。

55外務省亞細亞局《支邦及滿洲に於ケル共產運動概況》（東京，一九三二），頁七〇。

56《警察沿革誌》，頁六六七—六六九。

57《警察沿革誌》，頁六六四。

58〈陳來旺聽取書〉，前引書，頁八八。

59同上，頁九一。

60《警察沿革誌》，頁六二三。

61〈農民問題對策〉，《東京支部檢舉顚末》，頁一五六—六四。

62連溫卿〈總工會之組織〉，《台灣政治運動史》（台北：稻鄉出版社，一九八八），頁一八一—八五。

63《警察沿革誌》，頁一〇八八。

64同上，頁一〇九九。

65〈農民問題對策〉，前引書，頁一六一—六二。

66同上，頁一六二。

67〈陳來旺聽取書〉，前引書，頁九二。

68林先烈〈台灣に於ける勞動組合統一運動と當面の任務〉，《ユルクス主義》第五十九號（東京，一九二九），頁二二五—二六。

69同上，頁二二七—二八。

70同上，頁二二八—二九。

71同上，頁二三〇—三一。

72有關謝雪紅的工人運動策略，參閱陳芳明，前引書，頁一二八—三三。

(73)林先烈〈台灣労動組合統一問題について訂正と補充〉，《マルクス主義》第五十六號（東京，一九二九年），頁四一〇。

(74)同上，頁四一一。

(75)連溫卿，前引書，頁二一九—二〇。

(76)《警察沿革誌》，頁二五五—五九。

(77)連溫卿事件始末的重新評估問題，參閱蘇新〈連溫卿與台灣文化協會〉，前引書，頁一〇〇—〇六。

(78)《警察沿革誌》，頁六六七。

(79)楊克煌，前引書，頁一六七。

(80)《警察沿革誌》，頁八一五—一七。

(81)同上，頁八三五—三六。

(82)同上，頁八三八。

(83)參閱陳芳明〈台灣抗日運動中的中共路線——以台共「上大派」主腦翁澤生為中心〉，前引書，並參閱盧修一，前引書，頁一一〇—一八。

(84)《警察沿革誌》，頁八四〇—四一。

(85)同上，頁八五二—五四。

(86)蘇新〈蘇新自傳〉，前引書，頁四一。

(87)這個傳說來自林木順的子嗣林炳炎先生。

88 參閱王育德《台灣——苦悶的歷史》(台北：自立報系，一九三九)，頁一六三。該書說，謝雪紅在二二八事件時，「戰況陷於不利後，同志四散奔逃，她解散部隊，跟林木順等幾個意氣相投的同志逃到香港」。顯然，王育德也受到《台灣二月革命》一書的誤導。

第四章
翁澤生的中共路線

導言

在中共黨史上，到目前爲止，翁澤生是唯一被寫入官方傳記的台灣抗日運動領導者。一九八九年三月十七日，北京的台灣民主自治同盟與中華全國同胞聯誼會，還特別舉辦「翁澤生烈士逝世五十週年紀念座談」。羈留於中國的台灣人士中，還未有一位政治人物如翁澤生那樣，獲得如此崇高的殊榮。翁澤生的歷史地位，能夠受到中共領導者的高度評價，一方面固然與北京當前的對台政策有密不可分的關係。另一方面，更重要的，則是由於他生前與中共現在的當權者有過無可比擬的從屬關係。

然而，對於台灣人而言，恐怕沒有多少人知道翁澤生這個名字；即使是研究台灣歷史的工作者，也似乎不會有太多人了解他的政治生涯。羊子喬、陳千武主編的《光復前台灣文學全集》第九册，收入翁澤生的一首新詩。在他的作品之前，有關翁澤生的簡介只不過寥寥數語：「台北市人，曾於一九二三年之際，赴廈門就讀集美中學，生卒年不詳，作品見於《人人》雜誌。」❶從這樣的介紹，足以顯示翁澤生的傳記與故事，在台灣幾乎已被遺忘殆盡。

北京舉辦的紀念座談，曾對翁澤生做了這樣的介紹：「翁澤生是台灣共產黨組織的創建者和組織者之一，我國工人運動的重要活動家。翁澤生祖籍福建同安，一九〇三年十月生於台北市。早在少年時代，他就在台灣參加反抗日本殖民者的鬥爭。一九二五年，他在上海加入中國共產黨。爲了維護中華民族的團結統一，他勇敢地帶領工人、學生和革命羣衆進行反帝、反封建、反對國民黨右派的鬥爭。一九三三年三月，由於叛徒出賣，不幸被捕。一九三九年三月，光榮犧牲。」❷這份簡歷，顯然可以補充後人對他的認識。不過，從台灣史發展的觀點來看，仍然還不足以概括他政治生涯的意義。

翁澤生，可能是台灣抗日運動者中最堅持中共路線的領導人物。翁澤生的兒子翁黎光（後改名林江）曾經回憶說：「我的祖父翁瑟士，爲了抗日，爲了讓子孫永遠記住自己是中國人，在一九二一年讓我的父親回到祖家同安的集美中學讀書。父親在祖父的影響下，在集美中學接觸愛國的，進步的思潮，走上了抗日的革命的道路，後來成爲一位愛國志士與共產主義者。」

❸翁澤生的中國意識，可以說是由家教培養出來的。正因爲有如此強烈的信仰，再加上他日後吸收了社會主義思想，因此他對中共的效忠，自是可以想見的，也正是基於牢固的中華民族主義與社會主義的立場，翁澤生在台灣共產黨的組織裏，就與具有強烈台灣意識的謝雪紅發生了衝突。他們在領導權上的爭奪，最後就導致台共的分裂。所以，討論翁澤生在台灣政治史上的意義，就不能不觸及殖民地台灣與半殖民地中國的政治運動策略之異同與得失，更不能不探索當年台灣抗日運動的方向抉擇。

從反抗到回歸中國

翁澤生在一九〇三年十月十四日誕生於台北市。他的父親翁瑟士，早年自福建移民台灣，在台北市永樂町三丁目的小巷經營龍山茶行。根據中共的官方史料，「翁瑟士是一個愛國的進步人士，和孫中山領導的興中會負責人之一楊心如交誼頗深，認爲台灣的命運和祖國分不開，贊成抗日復台，祖國統一的主張」❹。這樣的紀錄，當然有膨脹、附會之處。所謂「抗日復台」的說法，在台灣抗日運動中是不曾提過的。如果有的話，也僅見於在台灣的華僑所從事的「民族革命」。然而，這是右翼團體如「衆友會」者所提出的，並且是支持中國國民黨的，與中共或左翼路線毫不相干❺。至於「祖國統一」的用語，也是直到中共建國成功之後，才使用的，那是一九四九年以後的事了❻。

不過從這種誇張的紀錄來看，翁瑟士的中國意識顯然是相當強烈的。翁澤生後來之所以會在太平公學校畢業後，被送往福建的集美中學讀書，就是由於有這樣的家庭背景。在回歸到中國之前，翁澤生便已在台北參加過各種政治活動。一九二一年台灣文化協會成立時，翁澤生就立即加入台灣文化協會。後因拒絕學習日文，就在同一年回到集美中學就讀。據翁澤生的兒子林江回憶，翁是太平公學校的校友，有一次校友會，「父親也從集美回來參加，他聽見會上說的全是日語，突然跳上講台，反對日本政府在學校強制實行奴化教育。父親的發言得到進步、愛國校友的熱烈擁護，卻嚇壞了日本校長和他的幫手。學校當局繼續發言，引起了一場騷亂。這就是震動台北教育界的『太平公校事件』」❼。

在集美中學期間，翁澤生就開始為《台灣民報》與《人人》雜誌撰寫詩與散文。從他的作品來看，他對於台灣婦女的解放，以及對中華民族主義的擁抱，都表現得極其迫切。他的婦女解放觀，在一九二三年他與他的第一任妻子謝玉葉初識時就已經表現出來了。

謝玉葉，筆名謝玉鵑，又名葉綠雲，後改名謝志堅。翁澤生返台時，她正受到母親逼婚。翁澤生告訴她，「我們是中華民族的子孫，不該做帝國主義的奴隸，婦女也不該做吃人的封建禮教的犧牲品」❽。在這樣的鼓舞之下，謝玉葉決定追求自由戀愛。翁澤生在《人人》所寫的一首纏綿的情詩，就是獻給她的❾。

翁澤生與謝玉葉日後在《台灣民報》所寫的文章，大多集中在婦女解放與民族解放的問題上。翁澤生以「翁水藻」爲筆名所寫的長文，〈婦女底社會的地位之墜落與其經濟的原因〉，便是從左翼的觀點來討論封建社會裏婦女地位低落的癥結。他在這方面的分析，自然還停留在極爲粗糙的社會主義理論，但是放在他的時代來看，已是非常前進的了[10]。同樣的，謝玉葉則以「玉鵑」的筆名，撰述婦女啓蒙的文章，她寫的〈猛醒吧！黑甜鄉裏的女青年〉與〈舊思想之弔鐘——彰化『戀愛問題』的回響〉，都足夠反映她自我解放的努力[11]。

把婦女解放問題與民族解放問題銜接在一起，是相當成熟的一種理論。這證明了他們在介入台灣政治運動之前，就已深刻接受了社會主義的思考方式。

上海大學與「上大派」

翁澤生於一九二四年七月畢業於集美中學。就在他畢業之前，他與幾位留學於廈門的台灣學生，成立了「閩南台灣學生聯合會」，並與莊泗川、張梗等人合編一份機關刊物《共鳴》[12]。他們利用這份刊物，與台灣學生互通聲息。張梗，嘉義人，就是後來被中共派回台灣工作的張志忠。在二二八事件時建立小梅基地。

一九二五年初，翁澤生進入上海大學就讀，從此他的政治生涯進入了新的階段。上海大學不僅使翁澤生成爲中國共產黨員，而且也使他與中共領導人瞿秋白建立了密切的關係。上海大學是中共建立起來的第一間「革命大學」。一九二三年成立社會系，鄧中夏、施存統、瞿秋白都先後擔任這個系的主任⓭。上海大學是國共合作時期的產物，在中國北伐之前，中共與國民黨員都在這個學校執教過；不過，學校的重點在於鍛鍊學生的馬克思主義思想。瞿秋白稱這個大學爲「人民學院」(People's College)，使學生能夠了解中國的政治，也能夠認識整個世界大勢⓮。

在上海大學執教的中共領導人有：鄧中夏、瞿秋白、蔡和森、任弼時、沈雁冰、侯紹裘、惲代英、蕭楚女等人。這些都是中共建黨初期的重要人物。在中共的根基還未穩固之前，就有台灣學生迢迢千里前來就讀，自然就受到他們的重視。

翁澤生與瞿秋白的認識就是在這段時期。上海大學社會系的必修課程包括社會學、社會進化史、社會思想史、政治思想史、經濟學史、歷史哲學等⓯。從這些課程，就可知道上大社會系的主要目標何在。從一九二五年到二七年之間，在上海大學讀書的台灣學生約有十餘位，包括：翁澤生、謝雪紅、林木順、潘欽信、蔡孝乾、林日高、莊春火、劉守鴻、王萬得、陳德興、吳拱照、洪朝宗等，這些後來都成爲台灣共產黨黨員；另外還有李曉芳、莊泗川、陳麗水、王溪森、王天強等，雖然沒有參加台共，但也都投入台灣抗日運動的左翼陣營。他們在上大的時間長短不一，有的中途輟學，如林木順、謝雪紅；有的則與上海大學共始末，如翁澤生。上大在一九二七年國共分裂後就關閉了，究竟有多少學生在這學校畢業，至今仍是未知數。

不過，凡是在上大讀書的台灣留學生，在思想上與感情上都比較接近。他們後來陸續回到台灣，都分別加入台灣文化協會，逐漸形成台灣抗日運動史上的所謂「上大派」。這是一個比較方便的稱謂，在組織上並沒有與中共有直接的隸屬關係。在這些學生裏，直接參加中國共產黨的大約只有翁澤生、謝玉葉、王萬得、潘欽信等人而已。翁澤生與謝玉葉是在一九二六年加入中共的，分別改名爲「翁振華」與「謝志堅」⑯。

基本上，所謂「上大派」的形成，乃是以上海大學的台灣學生爲中心，並且與其他留學於上海租界地各學校的台灣知識分子爲外圍，他們在一九二六年十月成立的「上海台灣學生聯合會」，成員包括上海大學、大夏大學、南方大學、國民大學、持志大學、中華藝術大學、大同大學與法科大學等十餘學校學生。翁澤生寫給《台灣民報》的通訊指出，這個聯合會的目的，是希望台灣學生到中國各地求學，接受新思潮的洗禮，不要忘記自己的使命，也不要忘記組織的重要性⑰。

在這段期間，翁澤生與謝玉葉結爲夫婦，他們同時爲《台灣民報》撰稿。翁澤生的文字大多屬於通訊的性質。他以「華事短訊」或「華事短評」的專欄，介紹中國政局發展的概況。他的觀點，自然都是站在中共的立場。他對於國共合作的演變，也在通訊中不斷評介。其中有一篇是值得注意的，那就是題爲〈被謠傳的中國事情〉的報導，在文中也釐清一些不利中共的消息，諸如「廣州即將被赤化」、「蔣介石和共產黨決戰」等等。翁澤生承認，國民黨內部確實有左右派之分，但這不影響與中共合作。他指出，製造謠言的人，不僅是要阻礙中國國民革命的進步，而且也是帝國主義者的幫兇[18]。翁澤生的觀點，典型代表了當時國共合作的主要精神。

謝玉葉也寫了一系列有關中國婦女解放運動的概況。她認爲，台灣婦女如果要提升自己的社會地位，要追求本身的自由，就不能參加「小姐式」的婦女會，而是應該投入政治運動；在運動中，強化婦女組織，藉政治地位的提高以求得婦女的解放。她的組織婦女的觀點，後來就成爲台共建立時婦女綱領的基礎。在一篇題爲〈婦女運動的倡進與婦女部的設立〉的文字裏，就指出台灣婦女受到男人與經濟的雙重壓迫。她更認爲，如果婦女不能得到解放，則被壓迫的男人也不容易掙脫他們的枷鎖。唯有被壓迫的婦女與被壓迫的男人團結起來，雙方才有可能同時獲得自由。因此，她認爲台灣婦女運動必須成立「婦女部」，引導婦女參加共同戰線，結合各個團體的勢力；婦女團體與男性團體也應該團結在一起，這樣才能使台灣社會脫離黑暗時期[19]。謝玉葉的這種看法，在當時台灣社會裏已可視爲先驅者了。

國共分裂的前後，翁澤生與謝玉葉，在閩南一帶從事地下工作，對於國民黨的反共活動進行抵抗[20]。在白色恐怖的氣氛下，翁、謝兩人於一九二八年回到上海。這時，謝雪紅與林木順也分別結束了在莫斯科東方大學與孫逸仙大學的訓練，並回到上海準備籌建台灣共產黨[21]。通過中共中央的介紹，翁澤生與謝雪紅就在這個時候開始合作建黨的工作。

中共陰影下的台共

台共的建黨，是在當時客觀條件要求下所醞釀出來的。第一，台灣本土的抗日運動，隨著台灣社會階級的孕育成熟而產生了分化的現象。以台灣資產階級、地主階級爲中心的「台灣文化協會」，已不足以承擔反抗日本殖民統治的全部任務。一九二七年台灣文化協會的分裂，是抗日運動的一個自然的發展。第二，更爲重要的是日本經歷過一九二七年的昭和大恐慌後，迫切需要向外擴張，企圖藉對外侵略以求對內的穩定。因此，對台灣殖民統治的壓榨就隨著升高。台灣農民、工人所遭到的掠奪，倍於從前。他們急切要求有一個爲他們發言的政治組織。第三，日本革命陣營裏的「山川主義」與「福本主義」的論戰，以及中國革命陣營裏的國共分裂，都影響了台灣政治運動的發展方向。激進路線的抬頭，使得台共的建黨時機更爲成熟[22]。

台共創建時，是由兩種系統組成的，一是林木順、謝雪紅聯絡在東京方面的，屬於日共的台灣黨員；一是由翁澤生召集「上大派」的，與中共關係密切的知識分子。翁澤生在上海組織過台灣學生聯合會，「聯繫面很廣，因而承擔了較多的任務」[23]。林木順與謝雪紅則遠赴東京與日共聯絡。根據莫斯科第三國際的指令，台灣是日本殖民地，在「一國一黨」的原則下，台共應屬日本共產黨的指導，台共的全稱是「日本共產黨台灣民族支部」[24]。與謝雪紅聯繫的日共代表，是渡邊政之輔，他們在莫斯科時期就已經認識。謝雪紅自日共取得建黨綱領後，台共建黨的準備工作大致告成。

一九二八年二月，在翁澤生住處，七位台共創黨者，首先成立籌備會。會中決定，翁澤生、謝雪紅、林木順起草〈政治綱領〉，然後依每個人的政治運動經驗，分別草擬台共日後的運動方針，亦即翁澤生起草〈青年活動方針〉，林木順〈工農運動方針〉，謝志堅〈婦女運動方針〉，謝雪紅〈赤色救援會方針〉等[25]。從工作分配就可知道，每個人所負責的任務是恰如其分的。翁澤生多次組織過留學生的團體，而謝玉葉則長期從事婦女解放運動的理論工作，所以他們在籌備會中的工作，也是依照他們的專長分配的。

據稱，在籌備的過程中，台共成員除了學習日共的〈政治綱領〉，也學習毛澤東的〈中國社會各階級的分析〉。建黨的成員根據這篇文章提出兩個問題：一是中國有買辦資產階級，台灣有沒有？二是台灣農村的階級關係和大陸有那些不同？據說通過這樣的學習，爲翁澤生等組建「台共」奠定了政治思想基礎[26]。上述的說法，是很牽強的，它只代表中共主觀願望的解釋。

在所有有關台共建黨的史料中，這是第一次出現台共學習毛澤東思想的說法。毛澤東所寫的〈中國社會各階級的分析〉，完成於一九二六年三月㉗。當時毛澤東在中共黨內的地位，還沒有完全受到重視。相反的，他的革命理論與第三國際的指導往往發生衝突。在第三國際戰略理論指導下成立的台共，是不可能學習毛澤東思想的㉘。中共官方的歷史解釋，有意把台共的創建與毛澤東思想聯繫起來；其用心之良苦，顯然是在膨脹中共的地位。

台共籌備會在一九二八年四月十四日於翁澤生住處召開最後一次，便立即在第二天舉行成立大會，地點是在法租界地霞飛路的一家照相館裏。出席者有林木順、謝雪紅、翁澤生、潘欽信、林日高、陳來旺、張茂良等九人。林木順被選爲書記長，謝雪紅、翁澤生則被選爲候補委員，分別擔任與日共及中共的聯絡工作。

在這次成立大會上，最值得議論的一件事，便是中共代表蒞會致詞，而日共代表卻沒有出席。這當然是很奇怪的現象，因爲台共組織大綱的決議中，特別規定台共與日共的關係：「台灣共產黨在相當長的一段時間裏，是第三國際的一個支部，做爲日本共產黨民族支部的組織。因此，日本共產黨中央執行委員會的指令，乃是台灣共產黨必須共同遵守的。換言之，台灣共產黨通過日本共產黨，來達成世界無產階級革命一個支部的任務。」㉙台共既然是隸屬於日本共產黨的一個民族支部，爲什麼日共代表沒有來參加台共建黨大會？這是因爲在一九二七年底與一九二八年初，日共遭到日本政府的大檢舉，許多重要領導者紛紛被捕，根本不可能參加台共大會。

中共對這段歷史的交代，是相當含糊不清的。第一，有關台共與第三國際的聯絡問題，中共說：「日共在本國遭到嚴重破壞，共產國際遂委託中共領導台共。」[30]第二，中共代表彭榮在台共大會上說：「台共是在遠離台灣成立的，在台灣革命運動中還沒有基礎，還沒有在工農大衆中扎根，台共成立後要盡可能回台展開活動。」[31]

就第一點而言，第三國際有否委託中共「領導」台共的問題，到目前爲止，除了中共的片面說詞之外，還有沒有任何資料能夠佐證這種說法。就第二點而言，彭榮在台共大會上的致詞，只是闡述當時中國社會的階級情況，中國共產黨的任務，以及在國共合作中失敗的背景與影響[32]。在現有的史料裏，從來沒有出現彭榮鼓勵台共早日返台的說法。這種說法，來自台共成員王萬得在一九七五年有關台共的回憶[33]，而王萬得是謝雪紅終生的政敵。中共採取王萬得的說法，自然是爲了強化中共「領導」台共的解釋。

中共台灣支部的成立

台共從建黨開始，就籠罩在中共的陰影下。究其原因，主要在於台共建黨時所吸收的黨員，有一些人早已參加中國共產黨了。

以「上大派」為中心的台灣黨員，同時加入了中共與台共。翁澤生、謝玉葉、潘欽信、王萬得忠於中共，遠過於台共。所以，在台共成立後，「上大派」就已經開始布署如何奪權。中共勢力在台共裏的膨脹，完全是借助了客觀形勢的變化。

具有中共黨籍的台共成員，利用台共被日警打擊時，自成一個宗派勢力。台共誕生後，立即遭到日警的破壞。第一次是一九二八年四月二十四日發生的「上海讀書會事件」，謝雪紅被捕，並被遣送返台㉞。台共的建黨文件，都在這次破壞中完全被搜查暴露。第二次是一九二九年四月，台共的東京支部負責人陳來旺，也由於日共的遭受檢舉而連累被捕㉟。在日的台灣留學生林兌、林添進、陳在癸、楊景山、莊守、陳逸松也一起被拘押審問。這兩次破壞事件，使台共與日共之間的聯繫切斷；因為，謝雪紅與陳來旺的任務，便是擔任與日共聯絡的工作。原來被規定要派駐日本的謝雪紅，反而被送回台灣。雖然她無罪釋放，但日共指導的系統已全然瓦解。

「上大派」在台灣的黨員，包括蔡孝乾、潘欽信、謝玉葉，在上海讀書會事件發生後，立刻潛逃至福建。謝雪紅準備在台重建工作時，已找不到原有的黨員。因此，謝雪紅一方面開除上述潛逃的黨員，一方面則在台灣重新吸收黨員，特別是在台灣文化協會與台灣農民組合裏建立細胞組織。在這艱苦的重建過程中，「上大派」的黨員突然在台北成立一個「中國共產黨台灣支部」。

中共在台灣設立支部，等於是製造雙胞案。中共台灣支部成立於一九二八年十月十八日，包括台北、台中兩個集團，直接與上海聯繫。為了防止中共黨員的立場動搖，他們必須採取一致的行動㊱。謝雪紅在重建台共時，完全不知道這個中共支部的存在，因此在領導上就發生了困難㊲。

這個支部，後來就與台灣文化協會原有的「上大派」結合在一起。文協裏的上大派成員包括：蔡孝乾、翁澤生、范春火、洪朝宗、蔡火旺、王萬得、陳玉暎、潘欽信、周天啓、莊泗川、李曉芳等㊳。台共成立以後，舊有上大派裏面的翁澤生、李曉芳、莊泗川等人留在上海，蔡孝乾、潘欽信逃往福建，因此，剩下上大派的成員就以王萬得為領導中心。

上大派為取得台灣左翼運動領導權，遂決定支持台灣文化協會的王敏川，以對抗文協委員長連溫卿㊴。連溫卿到了晚年，對上大派奪權一事的討論時，認為「這些人士多不親身實踐為其特色」，他們「只有意見而不實踐」㊵。等到王敏川獲得領導權之後，上大派的台共又主張應該取消文協。他們認為，文協是小資產階級的組織；它的存在，將妨礙左翼運動的發展。謝雪紅就是在這個問題上，與上大派發生了衝突。

謝雪紅是支持王敏川的，她認為文協的存在，可以做為台共的外圍組織。通過文化協會，台共不僅可以與小資產階級、知識分子合作，並且還可以使用「以合法掩護非法」的方式，使台共能夠從容活動。上大派的看法完全相反，他們認為台灣的工人運動領導權都操在文協手上，使台共不能在工人階級方面展開活動。讓文協解散之後，工人運動的領導權才能落在台共手上，台灣抗日運動才能夠無產階級化，王敏川因得到謝雪紅的支持，文協才躲過被解散的命運。

上大派的急進路線，受到謝雪紅的阻撓，因此他們有必要改造台共內部的權力結構。他們深知，謝雪紅對於第三國際的指令是相當服從的。如果能夠以第三國際的名義下達命令，謝雪紅一定會遵照命令去進行改組的。要這樣做，就必須通過中共台灣支部的管道與上海聯絡。翁澤生在上海正好可以扮演這種恰當的角色。因此，在台共奪權的運動上，以翁澤生為中心之上大派發揮了極大的作用。

瞿秋白的可疑角色

翁澤生與謝雪紅的對敵，有個人因素，也有路線分歧的問題。雖然他們都是上海大學出身的，謝雪紅與中共的淵源並沒有像翁澤生那麼深厚。尤其經過莫斯科東方大學的留學訓練，謝雪紅對台灣革命的認識，是以「殖民地革命」為主調，翁澤生則完全遵循中共路線，乃是把台灣革命納入半封建殖民地的「社會革命」。這種對革命性質的認識，決定了他們不同的戰略方針。

謝雪紅所開除的三位上大派黨員，也包括了翁澤生的妻子謝玉葉在內。這不但傷害了翁澤生個人的感情，而且也損壞了中共領導的尊嚴。翁澤生採取反擊的步驟有二：一是以第三國際名義對謝雪紅下達指令；一是鼓動台共內部的上大派成立「改革同盟」。

所謂改革同盟，便是以中共台灣支部的成員爲中心，與從日本返台的黨員蘇新、蕭來福結盟。中共支部的成員受到中共中央激進路線的影響；而日本回來的台共則受到日本激進的福本主義路線的影響。當時中共中央的路線與日本福本主義路線，是在不同時空下產生的；不過，二者有共同點，就是過於高估革命的形勢。他們都認爲謝雪紅的領導過於保守，這也就是瞿秋白所說的「關門主義」[41]。

當時中共中央的領導人是瞿秋白，同時又是第三國際的代表。台共黨員到上海時，都是透過翁澤生的安排與瞿秋白見面；翁澤生據說是瞿秋白很喜歡的學生[42]，他既然同時兼有台共與中共的雙重黨籍身分，又可以直接與中共中央接觸，在兩邊的聯絡上自然非常方便。自一九三〇年初起，凡是赴上海的台共成員，都與翁澤生見過面。這些人包括林日高、陳德興、潘欽信，他們都受到翁澤生的批評。翁澤生的意見是，台共的活動不夠積極，犯了關門主義與機會主義的錯誤。在革命形勢臻於高潮之際，如果台共要領導政治運動的話，就必須進行內部改革。翁澤生說，這不只是中共中央的意見，同時也是第三國際的意見。

陳德興返台時，把這樣的批評告訴謝雪紅；但是，謝雪紅認爲這種意見不可相信，也不値得接受。因爲，第三國際如果有任何指令的話，應該是透過日共系統，絕對不會經過中共的管道。謝雪紅一方面拒絕中共的建議，一方面派人赴日本，嘗試與日共聯絡求證[43]。

依照潘欽信後來在法庭上的口供，他在一九三〇年十二月於上海與翁澤生、瞿秋白見過面。瞿秋白指出，日本帝國主義已經進入了資本主義的「第三時期」，將升高對中國的侵略干涉，也將進一步對殖民地台灣進行榨取。台灣工農的痛苦一定會加深刻化，鬥爭的力量也將跟著提高。所以瞿秋白建議台共應該徹底清算機會主義的錯誤，以迎接革命形勢的來臨[44]。

瞿秋白對台共所建議的革命理論是很奇怪的。第一，瞿秋白這時已經不是中共中央的書記長了。瞿秋白在一九二七年與一九二八年之間領導中共時，利用國共分裂後黨內產生的高漲的「左傾」情緒，規定了黨的急進冒險主義，主張「不斷革命」論，在城市進行暴動，全面向國民黨進攻[45]。這種過高評估客觀形勢的策略，導致中共的失敗，瞿秋白被解除了職務。第二，瞿秋白在這段期間正在糾正李立三的領導錯誤：在李立三的領導下，中共中央政治局於一九三〇年六月通過「新的革命形勢與一省或幾省的首先勝利」決議案，瞿秋白以第三國際代表的身分批評李立三犯了「冒險主義關門主義錯誤」[46]。第三，由於李立三不接受瞿秋白的糾正，繼續堅持左傾冒險路線，使得中共黨內爭取第三國際代表權的王明，有了藉口抨擊瞿秋白的「錯誤」。王明認爲，帝國主義已經進入資本主義的「第三時期」，李立三的路線還不夠「左」。在王明眼中，李立三是右派，瞿秋白也是右派[47]。因此，瞿秋白在一九三〇年六月被剝奪第三國際代表的身分㊽。

從這些史實來對照的話，翁澤生安排瞿秋白與潘欽信見面的事，是值得推敲的。因爲，在這段時間裏瞿秋白既不是中共中央領導，也不是第三國際代表，爲什麼翁澤生始終強調中共中央與第三國際的立場？一九三〇年十二月瞿秋白與潘欽信見面時，正是瞿秋白政治生涯最低潮的時期，他在那段期間也不贊同所謂「第三時期」的理論；那麼，他在指導台共時，爲什麼又搬用「第三時期」的見解來支持台共「改革同盟」的冒險主義？從史實看，從理論看，瞿秋白在台共權力鬥爭上所扮演的角色是很可疑的。

翁澤生通過瞿秋白來使用中共中央與第三國際的名義，終於使台共的上大派信服。他們於一九三一年一月祕密召開「改革同盟」會議之後，又於一九三一年三月背著謝雪紅舉行台共第二次臨時大會。他們所召開會議的最大依據，便是翁澤生「代替」第三國際起草了〈共產國際東方局致台灣共產主義者書〉㊾。這份文件，等於是直接批判謝雪紅的領導，指控她「積極性不夠充分，對台灣革命鬥爭沒有加以領導與組織」。文件說，中國的革命運動已經達到最高的發展，在農民戰爭中高舉蘇維埃的旗幟。因此，台灣共產黨也不應該「自外於日臻高潮的革命鬥爭」㊿。

上大派主導下的台共第二次臨時大會，正式開除了謝雪紅、林木順、楊克煌、楊克培的黨籍，重新制訂政治綱領，也重組新的權力結構。書記長王萬得，組織部長潘欽信，宣傳部長蘇新，都同意接受中共的指導。在「接受中國黨中央的提議決議案」裏，他們認爲受到中國黨中央的幫助與指導，是非常具有「國際的、革命的意義」[51]。至此，台共運動裏的中共路線完全宣告勝利了。

結語

中共路線在台共裏權力鬥爭的勝利，並不等於是台灣抗日運動力量的升高。恰恰相反，就在第二次臨時大會結束後，台共就立即遭受日警的破壞，改組後的台共文件完全落入日本統治者的手中。農民組合的黨員趙港首先被捕，緊接著是謝雪紅、王萬得、潘欽信、蘇新也先後被捕。不論是台共的「舊中央」或「新中央」，都成爲日本殖民者的階下囚。

在台共黨員一一被捕之際，翁澤生就沒有繼續爲台共工作了，而專心一致爲中共效勞。從一九三一至一九三二年，翁澤生擔任了上海「中華全國總工會」黨團祕書長，在陳勇的直接領導下工作。直到一九三二年四月，由於國民黨特務密告，而被英國租界地的巡捕拘押。在租界地的法庭上，翁澤生堅決否認是中國共產黨員。因爲他承認自己是中共的話，租界巡捕就可以把他移交給國民黨公安局，那麼極有可能被槍斃，也有可能株連其他同志。

最後，翁澤生承認他是「台灣人」。在這種情況下，台灣人就必須被送回台灣受殖民地審判。一九三三年三月，翁澤生終於被移送回台灣，與台灣共產黨事件一併被審判。在監獄期間，翁澤生拒絕寫「轉向書」，拒絕透露他與中共的關係，他所受的酷刑，使他的身體惡化衰弱。一九三九年三月十九日，病死於日本殖民者的獄中。

正因爲翁澤生保護了中共組織的安全，他在日後就被尊爲中共的「烈士」。一九七五年十月四日，陳雲、廖承志、林麗韞聯名向中共中央組織寫了建議追認翁澤生爲烈士的信。其中的一段說：「翁澤生同志被捕以後，中華全國總工會黨團，及管轄下各個機關都完整，沒有任何破壞，可見翁澤生同志是堅決的，以自己的生命來捍衛了黨的組織祕密。他不但沒有寫過自首書，並且他對熟知的黨的政治情況也沒有向敵人透露過一句，廖承志可以證明這一點。」[52]

翁澤生在臨死之前，完全沒有透露任何祕密，正如林麗韞所說：「在不幸被捕後，在敵人的酷刑威逼下，毫不動搖，到死還保持著共產黨員的氣節。」[53]這樣的氣節是從中國共產黨的立場來看的。但是如果從台灣共產黨的立場來看，就不能只就氣節而言，而必須從整個抗日運動的得失來評價。

翁澤生以中共革命的理論來遙控台共的抗日運動方針，顯然是錯誤的。當時台灣是殖民地社會，在日本統治者的高壓之下，反抗的組織與力量，並不能與中共比擬，台共的「殖民地革命」與中共的「半封建殖民革命」性質上是完全不同的。台共從事的殖民地革命，並非只是社會解放的反抗意義而已，同時還有民族革命的性質包含在內。中共進行的，純然是社會革命，是一個階段的革命。台灣不同於這種性質，而是需要經過兩個階段或三個階段的反抗運動。

台灣抗日運動中的中共路線，造成台灣文化協會的第二次分裂，也造成台共的分裂。這樣痛苦的經驗，絕對不是中共的官方史觀能夠理解的。翁澤生誠然是一個烈士，值得景仰；但是，他並沒有協助台共運動的提升。中共路線在台灣抗日運動中是失敗的，過度給予膨脹，就不能正確看待台灣歷史的發展。

註釋

❶羊子喬、陳千武主編《亂都之戀》（光復前台灣文學全集9，台北：遠景出版社，一九八二），頁七三。

❷〈台盟台聯座談紀念翁澤生〉，《人民日報》（海外版，一九八九年三月二十日）。

❸林江〈懷念我的父親翁澤生〉，《人民日報》（海外版，一九八九年三月二十四日）。

❹蕭彪、楊錦和、王炳南、許偉平〈翁澤生〉，收入中共黨史人物研究會編《中共黨史人物傳》第二十七卷（西安：陝西人民出版社，一九八六），頁一四一。

❺《警察沿革誌》（東京：台灣史料保存會複刻，一九六九），頁九一五—二〇。

❻關於中共對台政策的歷史演變，可參閱森山昭郎著、孫亞光譯〈台灣問題與中國共產黨〉，《縱橫》半月刊，

第五卷第三期（台北，一九八三年六月），頁七二—八〇；以及蕭欣義〈祖國臍帶誰剪斷？——中台關係的回顧〉，收入郭煥圭、趙復三主編《台灣之將來》第一輯（北京：中國友誼出版公司，一九八三），頁二五—四七。

❼林江〈懷念我的父親——一位保持了民族氣節的中國人〉，《台聲》總第五十六期（北京，一九八九年五月），頁二六。

❽蕭彪等〈翁澤生〉，頁一四二。

❾翁澤生〈思念郎〉，原發表於《人人》雜誌第二期（台北，一九二五年十二月三十一日）；後收入羊子喬、陳千武主編，前引書，頁七六。

❿翁水藻〈婦女底社會的地位之墜落與其經濟的原因〉，《台灣民報》第九十五、九十六、九十七、九十八、九十九、一〇〇號（台北，一九二六年三月七日、三月十四日、三月二十一日、三月二十八日、四月四日、四月十一日）。

⓫玉鵑〈猛醒吧！黑甜鄉裏的女青年〉，《台灣民報》第九十二、九十三號（台北，一九二六年二月十四日、二月二十一日）；玉鵑〈舊思想之弔鐘——彰化「戀愛問題」的回響〉，《台灣民報》第一〇二號（一九二六年四月二十五日）。

⓬《警察沿革誌》，頁一〇一。

⓭王家貴、蔡錫瑤編著《上海大學，一九二二—一九二七》（上海：社會科學院出版社，一九六八），頁五。

⓮瞿秋白〈現代中國所當有的「上海大學」〉，收入黃美眞、石源華、張雲編《上海大學史料》（上海：復旦

大學出版社，一九八四），頁一三。

⓯陳鐵健《瞿秋白傳》（上海：上海人民出版社，一九八六），頁一八五。

⓰蕭彪等〈翁澤生〉，頁一四五。

⓱（翁）水藻〈上海台灣學生聯合總會〉，《台灣民報》第一三二號（一九二六年十一月二十一日）。

⓲水藻生〈被謠傳的中國事情——製造謠言的香港〉，《台灣民報》第一一二號（一九二六年七月四日）。

⓳玉鵑〈婦女運動的促進與婦女部的設立〉，《台灣民報》第一三八號（一九二七年一月二日）。

⓴羅明〈有關翁振華的歷史材料〉（一九七五年十月十二日），轉引自蕭彪等〈翁澤生〉，頁一四七—四九。

㉑有關謝雪紅赴莫斯科受訓，及其與台灣共產黨建黨的關係，參閱陳芳明〈台共領袖謝雪紅的俄國經驗〉，《中國論壇》第三六三期（台北，一九九〇年十二月），頁六一—六七。

㉒關於台共建黨的背景，可以參閱楊克煌《台灣人民民族解放鬥爭小史》（武漢：湖北人民出版社，一九五六），尤其是第六章第六節〈台灣共產黨成立時的客觀環境〉，頁一二〇—二九。

㉓林江〈回憶父親翁澤生烈士〉，《台聲》總第十三期（北京，一九八五年一月），頁一六。

㉔討論台共與第三國際、日共、中共的互動關係，目前較爲翔實者，參閱盧修一《日據時代台灣共產黨史》（台北：自由時代出版社，一九八九），特別是第七章〈台灣共產黨與第三國際、日共、中共的關係〉，頁一四七—六二。

㉕蕭彪等〈翁澤生〉，頁一五〇。

㉖同上。

❷毛澤東〈中國社會各階級的分析〉，收入《毛澤東選集》第一卷（北京：人民出版社，一九六八），頁三—一一。

❷有關毛澤東從一九二七年中國大革命失敗，到一九三五年遵義會議後獲得中共領導權之間的發展過程，已有太多的著作討論。對於這段期間毛澤東在黨內地位的問題，研究得最仔細的當推 John E. Run, *Mao Tse-Tung in Opposition*, 1927–1935 Stanford: Stanford University Press, 1966。

❷「台共組織大綱」見山邊健太郎編〈台灣共產黨檢舉の概要〉，收入《台灣(二)》（現代史資料22，東京：みすず書房，一九七一），頁二五六。

❸林江〈回憶父親翁澤生烈士〉，頁一六。

❸蕭彪等〈翁澤生〉，頁一五一。

❸山邊健太郎編，前引書，頁二四六—五一。

❸〈王萬得關於台共歷史的回憶材料〉，轉引自蕭彪等〈翁澤生〉，頁一五一的❶。王萬得的回憶似乎不可信，因為他沒有參加建黨大會。

❸有關「上海讀書會事件」始末，參閱盧修一，前引書，頁八三—八六。

❸山邊健太郎編〈日本共產黨台灣民族支部東京特別支部員檢舉顛末〉，《台灣(二)》（現代史資料22），頁八三—二五三。

❸這是陳來旺被捕後在日本的口供，見〈陳來旺聽取書〉，山邊健太郎編，前引書，頁九〇。又見〈陳逸松聽取書〉，頁一六四。

㊲日共市川正一在一九二九年四月被捕時，日警獲得了一份文件，名稱是〈台灣黨組織活動方針及其組織狀態〉。這份文件透露，中共在台支部是潛伏存在的，其他台共黨員並不知道，見山邊健太郎編，前引書，頁二七三。

㊳《警察沿革誌》，頁二四四。

㊴有關王敏川與上大派的關係，參閱楊碧川〈抗日過激的台灣青年——王敏川〉，收入張炎憲、李筱峰、莊永明編《台灣近代名人誌》第三冊（台北：自立報系，一九八七），頁七七—九二。

㊵連溫卿《台灣政治運動史》（台北：稻鄉出版社，一九八八），頁一八二。

㊶《警察沿革誌》，頁六七四。

㊷林江〈回憶父親翁澤生烈士〉，頁一六。

㊸謝雪紅後來被捕，在日本法庭上的供述，詳細說明了她與上大派發生衝突的經過，見〈謝氏阿女豫審庭に於ける供述要旨〉，《警察沿革誌》，頁六八二—八八。

㊹《警察沿革誌》，頁六七四。

㊺李新、蔡尙思等主編《中國新民主主義革命時期通史》第二卷（北京：人民出版社，一九八一）第一章第二節〈中國共產黨內的第一次「左」傾路線〉，頁一六—一七。

㊻丁守和《瞿秋白思想研究》（成都：四川人民出版社，一九八五），頁三七六—八五。

㊼參閱曹仲彬、戴茂林《莫斯科中山大學與王明》（哈爾濱：黑龍江人民出版社，一九八八），頁一二二—二五。又見周國全、郭德宏、李明三《王明評傳》（合肥：安徽人民出版社，一九八九），頁一二七—三三。

㊽王觀泉《一個人和一個時代——瞿秋白傳》（天津：天津人民出版社，一九八九），頁四六五—七〇。

㊾蕭彪等〈翁澤生〉，頁一五二。

㊿〈台灣共產主義者に致する書〉，《警察沿革誌》，頁六九四—七〇一。這份文件已經譯成中文，見盧修一，前引書，附錄二〈第三國際東方局致台灣共產主義者書〉，頁二一八—二一六。

51〈中共黨中央の提議直接受する決議案〉，《警察沿革誌》，頁七一六。

52〈陳雲、廖承志、林麗韞關於追認翁澤生爲烈士的建議〉，發表於《黨史通訊》總第三期（北京：一九八六年第一期），頁一—二。

53澹台惠敏〈翁澤生烈士逝世五十週年紀念會在北京召開〉，《台聲》總第五十六期（北京：一九八九年五月），頁二五。

第五章
蘇新的生平與思想初論

隔海遙祭

蘇新的一生（一九〇七—一九八一），有其波瀾壯濶的一面，也有其挫傷黯淡的一面。時代的轉折交錯，使人很難看清他波瀾壯濶的事蹟是不是正確的，也使人難以辨認他挫傷黯淡的生命是不是錯誤的。

流落在中國大陸北京的蘇新，於一九八一年十一月十三日去世。在他生前，從來沒有機會爲他自己所走的道路辯護，殘酷的環境也不容他辯護。在他去世後的今天，迫害他的人居然換了一副僞善的面孔，追悼他，供奉他，同時歪曲他。這位身懷遺恨的台灣革命家，將在台灣的歷史上占有什麼樣的地位呢？這是海內外台灣人所關心的一個問題。

本文只是代表一位在戰後出生的台灣子弟，對蘇新一生的粗略認識。蘇新離開台灣時，作者才出生於台灣；由於時代的隔閡和史料的闕如，作者可能對蘇新做一些不公平的論斷。但是，歷史的漏洞，原就需要點點滴滴的塡補；這篇文章並不是蘇新思想的蓋棺論定，只不過是對台灣先人表示一點敬意。

蘇新的遺願，是希望把他的骨灰安葬在台灣故鄉——台南。作者同樣來自台灣的嘉南平原，特以此文隔海遙祭。

北京的異鄉人

一九八一年十二月十八日，北京領導人爲蘇新舉行追悼會，會中的追悼辭對其一生有簡略的介紹。悼辭說：「蘇新同志是台灣台南縣佳里鎭一位貧苦農家的兒子，從十六歲起就投身於台灣人民反對日本殖民統治、爭取台灣回歸祖國的革命運動。一九二四年到日本留學，繼續從事民族民主革命運動，曾任台灣文化協會駐東京代表，主編《台灣大衆時報》，組織留日台籍學生成立社會科學研究會。一九二八年參加日本共產黨，並參加台灣共產黨籌建工作。一九二九年回台灣在工人中做祕密工作。一九三一年被選爲台灣共產黨中央宣傳部長。同年九月被日本侵略當局逮捕，入獄坐牢長達十二年之久。台灣光復後，蘇新同志擁護中國共產黨領導的新民主主義革命，曾主編《政經報》、《人民導報》、《中外日報》、《台灣文化》等報刊，發表大量文章，宣傳祖國的愛國民主運動。一九四七年，蘇新同志參加台灣人民「二・二八」起義，受到國民黨當局的通緝。同年，他離開台灣，流亡香港，參加台灣民主自治同盟的組建工作，主編《新台灣叢刊》，發表大量文章，反對帝國主義、封建主義、官僚資本主義，反對台灣獨立。一九四八年蘇新同志加入中國共產黨。一九四九年三月，蘇新同志返回祖國大陸，先後在中共中央統戰部、中共中央華東局、中央人民廣播電台工作。」（一九八一年十二月十八日《人民日報》）

這篇悼辭最值得注意者，便是對一九四九年以前的蘇新做了許多有意的歪曲。例如，悼辭說他自十六歲起，便投身於「爭取台灣回歸祖國的革命運動」，又說他在一九四五年後，「宣傳祖國的愛國民主運動」。然而證諸史實，這些說詞除了一些唯心的八股論調之外，誠然沒有任何客觀的事實做為基礎。

更令人駭異的是，悼辭對一九四九年以後蘇新在中國大陸的事蹟，竟然只是以兩三句話就一筆帶過。

但是，蘇新生命中的最後三十年，卻與悼辭所說的全然相反。一九八二年一月在香港出版的《七十年代》，刊載了一篇李黎的〈記蘇新〉。作者在文中說，她於一九八〇年歲暮在北京第二度見到蘇新。蘇新沙啞地、卻很清楚地說：「這三十年，是我一生最黯淡的日子。」

這段話道盡了他後半生的折磨與坎坷。中共領導人編織出來的悼辭極其動人，卻沒有一句話是眞的。那麼，蘇新三十年來的生活眞相是怎樣呢？

〈記蘇新〉一文說：「據說他回去以後就在廣播電台工作，負責對台廣播的文稿資料，五七年之後，他便顯然沉默下來了。文革期間，他的罪名是『叛徒』，只因在日本人的監牢坐滿二十年刑期後可以活著回來。於是他被下放到河南勞改。七個年頭過去了（按：應是十七年），直到一九七四年，他的老友陳逸松回到大陸四處打聽他，他才有幸被送回北京。這時他已是六十七歲的老人。然後又過了四個年頭，他到一九七八年才完全恢復『名譽』職稱、黨籍等等。在那四年裏，他又重新整理了當年在日本人監牢裏的閩南話研究筆記。」

這篇文章又說：「一九七九年，台盟在距離第一次大會的三十二年以後，才在北京召開了第二次大會。人們也才從那時開始，又聽到蘇新的名字。」

從這簡短的紀錄中，實令人難以想像他在日據時代曾是一位意氣飛揚的抗日鬥士。

一位年輕的留日學生

蘇新是早期台灣共產黨的創始人之一。台共的黃金時期只有短短幾個月，但是在台灣歷史上卻留下一段錯綜複雜的爭論。

台共的創建過程中，蘇新不僅是主將，而且是健將。一般人談到台共時，大多只聯想到謝雪紅；事實上，在台共的組織擴建與行動實踐方面，蘇新居有不可磨滅的功勞。

蘇新是台南佳里人，根據一九三三年出版的黃師樵著《台灣共產黨祕史》，他的本居地是「台南州北門郡佳里庄佳里興五五九番地」。據該書記載，蘇新就讀台南師範學校時，便與台灣文化協會的左翼會員交往，時年十六歲。

十八歲那年，亦即一九二五年，蘇新遭到師範學校的退學，遂於同年四月在東京私立大成中學就學，第二年二月又遭退學。一九二七年，他入學於東京外國語學校；一九二八年五月再度中途退學。也就在這反覆的一進一退之間，蘇新便捲入了台灣留日學生的政治運動。

當時東京的留學生係以台灣青年會爲主幹，這個組織的宗旨是「涵養愛鄉的心情，發揮自覺精神，促進台灣文化的開發」。毫無問題，台灣青年會的組成，實含有強烈的台灣意識。

年紀未及弱冠的蘇新，在台灣時就受到左翼思潮的薰陶；到了東京以後，更與留學生中的社會科學研究者緊密結合。一九二七年三月，東京台灣青年會內部左翼分子組成了「社會科學研究部組織準備委員會」，其主要發起人有：許乃昌、商滿生、高天成、黃宗堯、楊貴（即作家楊逵）、楊雲萍、林朝宗和林聰。

一九二八年三月，該部發表〈關於獨立的聲明書〉，並開始招募新的會員以擴充組織。同年十月，蘇新正式加入，投身於他一生所奉獻的政治運動。也就在這時，社會研究部完全取代東京台灣青年會的控制權。

蘇新成爲該部的成員後，立刻被分派了重要責任。根據該部的組織方針，原則上是以各個學校成立一個組織，在特殊的場合則以地域來劃分。由於蘇新已從學校退學，一開始他就擔任東京「中野班」的責任者，同時兼學校班的委員長，負責各學校組織的協調者。參加研究部的留日學生，日後大部分都在台灣的政治運動中扮演重要的角色，這包括陳來旺、吳新榮、陳逸松、蕭來福、許乃昌等人。

社會科學研究部的成立，其實就是日本共產黨東京支部的一個僞裝的組織，他們對島內農民運動特別重視。因此，獨立後的研究部一方面發行機關刊物《無產者新聞》(東京訂戶約四十餘人，島內則一百二十人左右)，一方面則組織台灣解放運動犧牲者救援會。蘇新就擔任救援會的責任者，每個會員每月必須繳納基金日幣五錢。

一九二九年二月七日，該部在東京台灣青年會事務所召開改組後的第一回中央委員會，改組後的青年會中央幹部的名單如下：

職位	名單
委員長	黃宗堯
宣傳部	林兌 何火炎
教育部	陳水土 郭昌言
調查部	黃宗堯 賴遠輝
會計部	吳新榮 林有財
書記部	郭華洲 楊景山 蘇新

這個新的結構，強調組織的重要性，加強與島內的聯絡；而且更重要的是，他們堅持使用「台灣語」。這是和過去的台灣青年會最大不同之處，舊的台灣青年會是台語、日語交雜使用。當時書記部所提出的〈東京台灣青年會總會組織化文件〉，便一再強調使用台語的重要性。

一九二七年的台灣

蘇新在一九二八年加入社會科學研究部時，也同時參加了日本共產黨台灣民族支部。台灣共產黨的誕生，是一個非常奇特的產物。它本來就不是島內自發性的政治組織，而它在島外建立時，一開始就很不健康。它雖名爲台灣共產黨，但實際上卻隸屬於日本共產黨的指導；而令人疑惑的是，一九二八年四月十五日的台共成立大會，竟是在中國上海的法國租借地舉行的。尤其奇怪的是，在成立大會上，身爲指導者的日共竟無一代表參加，反而中共派了一名彭榮來觀禮。由於台共在先天上就極其不良，終而造成它日後的困擾、爭辯、分裂，以致挫敗。

要觀察蘇新與台共的因緣始末，就不能不先了解當時台灣的時代背景。在台灣歷史上，一九二七年無疑是非常重要的年代；特別是對日據時代的政治運動而言，一九二七年正是發生多項重大曲折事件的一年。

一九二七年在台灣歷史上的重要性可由下列的事實看出來。先就島內來說：

第一，台灣文化協會在這年年初分裂。文協的分裂，使台灣的政治運動出現左、中、右三派，亦即右派的台灣地方自治聯盟（一九三〇），中間偏左的台灣民衆黨（一九二七），以及左派的新文化協會。這次重大的分裂，使得原來的左右兼容的《台灣民報》，從此染上極爲濃厚的右翼色彩。台灣的左派思想也因而失去了公開宣傳的機會，這點對台共的發展非常不利。

第二，一九二六年在二林發生蔗農阻止糖廠收割而造成武力衝突事件。在一九二七年公開審判辯論，此即聞名的二林事件。爲二林農民組合辯護的是日本無產政黨「勞動農民黨」的顧問布施辰治。《台灣民報》稱他爲「無產者運動的導師」。布施辰治赴台前在一九二七年三月十三日《台灣民報》發表一篇〈渡台之先言〉說：「除去應出法庭辯論的三日間之外，其餘的八日間若沒有特別事情，想要參加全台無產階級解放運動的戰線。」布施抵台後，曾做多次公開演講，而且回東京後，也應台灣青年會的邀請，演講島內的時局。布施氏的訪台，對左翼思潮的發展，有推波助瀾之功。

第三，東京帝國大學教授矢內原忠雄，到台灣倡導所謂的「人道主義的殖民地政策」。矢內原在台灣演講說：「要使殖民地的人和母國的人融和親善，須於殖民地的還想未到的以前，母國人自己做那可以幫助他們的事，或是給與政治上的自由，或是教育上的施設和社會上的待遇，皆要依照人道主義的精神去做才行。」（一九二七年五月八日《台灣民報》）矢內原的言論，可以說是當年日本溫和「併吞派」的典型代表。他的想法深深影響了日後的台灣政治運動中的右翼路線。

第四，台灣的工人運動自一九二七年後，有了重大的轉變。一九二八年一月一日《台灣民報》有一篇社論的題目是〈過去一年間的回顧〉，該文特別指出：「在去年（一九二七）台灣的勞動界又是造出一頁熱鬧的紀錄。」台灣的工會運動，是由一九二七年三月連溫卿成立「台灣機械工會」爲濫觴。它的發展，終於造成一九二八年全島工友總聯盟會的誕生。

上述四個事件，是台共完成組黨的前夜島內的重要背景。再就島外來看，中國在一九二七年發生的國共分裂，對島內政治氣候產生相當大的影響。就在同一年，第三共產國際做了一個很重大的決策，亦即通過〈關於日本問題的綱領〉，規定「殖民地的完全獨立」。這項規定，成爲台共的重要出發點之一。

從島內和島外的形勢來看，一九二七年對台共的誕生有決定性的影響。留學於日本與中國的台灣左翼學生，目睹島內左、右派的分裂，並且也見證中國國共的分裂，使他們對階級鬥爭在政治運動中的作用，有了更加深入的認識。

募款返台的蘇新

蘇新原先加入日本共產黨，一九二八年台共成立後，他的黨籍才轉入台灣共產黨。然而，台共的成立可謂艱辛曲折。該黨成立不久，上海即發生台灣學生讀書會事件，許多黨員先後被捕，謝雪紅等人被迫回到台灣。而在日本地區，日共也遭到大規模的肅清檢舉，此即日本近代史上的「三・一五事件」。

一九二八年十二月三十日，台灣農民組合全島大會在台中舉行，蘇新等人在東京獲知消息極其高興，這件事情給他們很大的振奮。因爲，台灣工友聯盟在同年年初也宣布成立，至此，台灣的工農階級都已完成了組織的階段，面對這種形勢，蘇新便決心回到島內。

一九二九年一月二日，蘇新、何火炎、蕭來福、黃宗堯、林兌、林清標、林加才、陳來旺、林添進等開會，一方面討論東京學生組織的情形，一方面計畫島內形勢的對策。

二月十二日，島內的台灣農民組合成員受到檢舉，蘇新更急切渴望回到台灣負起支援的責任。因此，東京支部的台共成員決議，蘇新、蕭來福、莊守化名潛回台灣，蘇新在這個時候更名爲李阿猛，時年二十二。

但是，當時蘇新在東京只是一名窮困的留學生，因此他在三月十二日的《學術研究會通訊》上，發表一篇〈告同志書〉，希望能夠募得旅費。在這篇〈告同志書〉上，蘇新首先指出他們要回國的原因，只是因爲不斷考慮到今日的國際現狀以及台灣島內的形勢，他說：「我四百萬同胞正面臨非常的危機，因而不回去是不行的。」

他指出，島內的農民階級已經結合起來，但是工人階級的基礎還不夠穩固，他希望加入台灣的工廠，鼓起工人運動。同時，他也向東京的同志呼籲，應該回到祖國島內，走向工廠，走向農村。

一九二七年四月十六日，日共再度受到第二度檢舉，此即所謂的「四·一六事件」。莊守遭到逮捕，不久即被釋放。蘇新與蕭來福則安然潛回台灣。

這時，謝雪紅在台北已設立國際書局，蘇新和蕭來福就在書局裏與謝雪紅會晤。蘇新報告東京負責人陳來旺的指示，必須在工友協助會的範圍內，積極準備組織赤色工會。隨後，蕭來福立刻加入台灣農民組合，成爲該組織的中央委員；蘇新則被指派參加「台北州羅東郡太平山總督府營林所」經營的伐木林場。

蘇新在宜蘭羅東擔任運材伕，同時也參加羅東木材工友協助會長盧清潭所主持的讀書會。據《台灣共產黨祕史》的記載說，蘇新「與約八百名勞動者共起居，爲提倡組織赤色工會而極力奔走」。

另根據《警察沿革誌》說，他與讀書會會員曹阿夫接近，由他介紹與苦力頭吳火盛認識，然後「開始宣傳煽動，逐漸獲得工會組織的共鳴者，並作成木材工會行動綱領，進而準備工會組織，更著手調查花蓮港平林材木株式會社、營林所八仙山派出所，以及嘉義派出所的情況」。

活躍的工人運動者

無可懷疑的，蘇新當時是一位精力充沛、言行一致的左翼政治運動者。在日本警方風聲鶴唳之際，他不僅沒有顯出任何畏縮的姿態，反而在回台之後，立刻就投入島內的工人運動。然而，也因爲他過於活躍，不久就引起警方的注意。這是因爲東京發生「四・一六事件」之後，警方積極搜捕漏網之魚者，他們得悉有人在太平山林場進行工會組織的運動，羅東郡警察課遂密切尋找幕後的唆使人。此時，蘇新已感覺到身邊的危險，因而在一九二九年七月十三日停止活動。三天後，蘇新突然衝破日警的封鎖線，逃亡基隆，參加蕭來福所進行的礦山工會組織運動。從此，蘇新便在基隆一帶活躍，他負責石底方面的任務，蕭來福則承擔猴硐方面的工作。

同年八月，蘇、蕭二人獲得中央的指令，組成「台灣礦山工會組織會議」，把各礦坑的炭工結合起來，決定每一小組的指導方針，並完成礦山工會會則行動綱領的起草。

十月，台灣共產黨爲了強化組織，謝雪紅、林日高、莊春火在國際書局召開中央委員會，通過了如下的組織配置：

台北地區負責人：王萬得

基隆地方負責人：蘇新

高雄地方負責人：劉守鴻

文化協會負責人：吳拱照、莊守

農民組合負責人：楊春松、趙港

以上屬於實際行動的負責人，在中央委員方面，謝雪紅負責宣傳煽動，莊春火擔任勞工運動的工作，林日高則負責組織方面。這項新的配置顯然是引起日後分裂的主因。因爲，蘇新、王萬得等人實際介入運動，都與羣衆有密切的結合，而做爲中央委員的謝雪紅等人，他們只負責聯絡與指派任務，被認爲與羣衆脫節。因此，這次台共的強化組織，其實已埋下日後分裂的因素。

以蘇新本人而言，他對中央所指派的任務，可以說都積極而徹底地去執行，正因爲如此，在日本警方的紀錄裏，台共工人運動過程中，蘇新所扮演的角色極爲重要。

據《警察沿革誌》說，一九三〇年七月，石底第三坑的負責人潘宏水，扣發礦工的薪資達三個月之久，因此引起工人的不滿。蘇新乃憑藉他一年餘的運動經驗，指導這些工人要求召開礦工大會，並訂定鬥爭的方針。結果第三坑的礦工竟不爲所動，這使蘇新非常失望。

於是，他改變運動的方針，積極介入礦工的生活。他首先獲得第一坑工人的支持，最後終於把石底第一坑的四十餘名礦工組織起來，完成礦山工會準備會的支部。

蘇新的努力行動終於有了回應，到了一九三〇年年中後，台共的黨員已次第增加，而且在農民組合、文化協會，及赤色工會組織運動中，少壯派的黨員不斷崛起。他們對中委會的行動消極，日益感到不滿，認爲組織的現狀，已不能符合新形勢的要求。一九三〇年十月，台共不得不召開黨擴大中央委員會的會議，這便是台共史上極其重要的「松山會議」。

松山會議

一九三〇年十月召開的松山會議，是台共建黨以來第一次在島內所舉行的總檢討，這次會議也是加速台共分裂的主要觸媒。松山會議在台共史上有其特別的意義，凡研究台灣近代政治運動歷史者，不能不予注意。

從正面的意義來看，這次會議是台共爲了使其組織適應島內現實而舉行的。台共建黨始於海外，其成員都是清一色由留學日本、中國的台灣青年所組成；當初建黨的理論與原則，是根據第三國際的指示，並沒有與台灣的現實環境結合起來。從一九二八年到一九三〇年，黨員陸陸續續回到台灣，才發現社會條件與當初的建黨方針有所出入。松山會議便是總結這兩年的工作經驗，並且調整黨本身的組織，以適應新的現實與形勢。

從負面的意義來看，台共的成員固然已警覺到黨與實際工作之間的差距；但是，很不幸的，松山會議的召開仍然忠實地接受第三國際的指示。這種複雜的發展，使得原已先天不足的組織，更加產生不良的後果。

台共在一九二八年於上海成立不到十天，就因「台灣學生讀書會」事件，而被逮捕數名黨員，謝雪紅包括在內（不久，謝即獲釋返台）。而在日本方面，日共也因「三・一五事件」幾乎完全被逮捕。

正因爲如此，台共返台後，便與第三國際的聯絡完全中斷。於是，努力恢復與共產國際的聯繫，就成爲台共中央的重要工作之一。一九三〇年四月，台共組織部長林日高潛往中國，五月二十日會晤駐在上海的台共中央候補委員翁澤生。翁澤生認爲島內台共幾乎與羣眾脫離，應該需要根本的改革，同時要林日高把台灣的客觀形勢，包括政治、經濟、勞動農民運動及文化協會的情況，作成書面報告呈交給共產國際的東方局。

林日高受到斥責後，即萌思退黨之意，七月返台後，即向謝雪紅傳達翁澤生的指示。隨後，林日高與勞動運動部負責人莊春火，同時宣布脫離共黨組織。

於是，台共的三名中央委員至此只剩謝雪紅一人。謝雪紅在孤立之餘，鑑於少壯黨員的不滿，又迫於第三國際的指示，她立刻派遣陳德興赴上海報告台灣政治的形勢，並著手準備召開會議。

陳德興停留在上海的期間，也正是島內台共舉行松山會議之際。一九三〇年十月二十七日晚上，至十月二十九日黎明，謝雪紅、楊克煌、吳拱照、趙港、莊守、王萬得，蘇新等七人，在台北州七星郡松山庄上塔悠處集會。

這次會議的討論重點，是集中於台灣的工人與農民的運動。謝雪紅指出，台共發展緩慢的原因，主要是由於「官方的鎮壓，黨員的不活躍，和黨中央的怠慢」。

會中，王萬得報告台北工友協助會、台灣機械工聯合會、台灣工友總聯盟的情勢，以及台北地區赤色工會運動的發展情況；趙港報告農民組合的現狀；吳拱照討論文化協會的情勢；莊守則報告高雄地方工會組織的運動；蘇新則報告北部礦山工會及交通運輸工會組織運動的情況。

在這次總檢討裏，出席者對於工會運動的問題指出兩個發展緩慢的原因。一是黨的工會組織運動沒有一定的方針；一是各個黨員從事運動工作過於放任。基於上述的原因，會議乃決定由蘇新、蕭來福、王萬得來擔任「臨時工會運動指導部」的負責人。

松山會議之前所以集中討論工會運動的問題，最主要是台共建黨之初，便已決定發展赤色工會的組織。此一運動包括三個方向：第一，在重要的產業方面，還未組成工會的工廠，台共應積極介入，特別是台灣北部的礦山與交通運輸等機構；第二，應積極爭取文化協會指導下已經設立的左翼工會的領導權；第三，要促成台灣民衆黨與工友聯盟系統下的工會左翼化。

無疑的，蘇新便是負責第一個方向的工作，由於礦山地區是政治運動未開發的處女地，所以他的工作與其他團體毫無瓜葛。像第二方向的工作，台共與文協發生衝突，最後把連溫卿驅逐，造成文協的第二次分裂。又如在第三方向的工作上，台共與民衆黨的鬥爭極爲激烈，因而台共黨綱有一條便是規定要「打倒民衆黨」。

蘇新雖與其他團體沒有糾紛，但是，他接下「臨時工會運動指導部」的任務時，就無可避免地與謝雪紅發生衝突，日後謝雪紅被蘇新批判爲「機會主義者」，其根源乃在於此。

與謝雪紅的分歧

在松山會議上，蘇新與蕭來福、王萬得協議之後，決定了「臨時工會運動指導部」的工作方針：

第一，召集全島各地從事工會運動者，組織台灣赤色總工會組織準備委員會。

第二，台灣赤色總工會組織準備委員會成立時，要擬定礦山工會、出版工會、交通運輸工會的組織方針、運動方針、會則、行動綱領等等。

對於以上的決定，蘇新等三人都相當興奮；但是，他們向謝雪紅報告時，卻遭到強烈的反對。謝雪紅認爲：「現在產業界的個別工會仍然是尙未鞏固的組織，如今卻要組成總工會組織準備委員會，此乃是本末倒置的事。首先要盡全力爲產業界個別工會的建設而努力，總工會自然而然會在此基礎上發展起來。」

基本上，謝雪紅的看法較爲實際，蘇新等人看法則近乎理想。一九三〇年的工人運動，因罷工示威行動而達到高潮；但是，這些運動大多是由民衆黨，或民衆黨系統的台灣工友總聯盟所領導，相形之下，台共的活動顯然遜色許多。謝雪紅認爲應從地方上的個別工會組織著手去做，以穩固基礎，而不是先建一個總聯盟，再去領導個別的組織。

但是，蘇新等人則堅持根據自己的協議去進行。

松山會議之後，蘇新便以協議爲基礎，計畫發行機關刊物《礦山工人》。這份刊物發行於一九三〇年十一月，這時蘇新在五堵林溪圳一帶已組成「礦山工會組織準備會共和炭坑支部」。《礦山工人》共發行兩期，專門分送給各礦坑的小組。配合刊物的出刊，蘇新也在猴硐一帶發展「準備會支部」，著手把一百數十餘名的工人組織起來。

改革同盟：從分歧到分裂

台灣共產黨的分裂是一必然的命運。一九二八年四月它在中國上海成立時，便已注定走向分裂的道路。如前所述，它的建黨理論並非是從台灣現實中總結經驗的，而是根據共產國際的指導方針。

一九三〇年七月由謝雪紅派去上海的陳德興，終於在同年十二月回到台灣。這時蘇新已在基隆一帶發行《礦山工人》，並積極執行松山會議的決策——發展台灣赤色總工會聯盟。

陳德興的歸來，也帶回據傳是共產國際東方局的指示，那就是根本改革台灣共產黨的組織。陳德興帶回來的消息，在台共史上是一個疑案。因爲，陳德興在上海見到的人物，一是台共候補委員翁澤生，一是中共中央委員瞿秋白，這兩人都宣稱代表共產國際。至於眞相如何，還有待新的史料來考證。

不幸的是，陳德興回到台灣後，就將此口信帶給蘇新、王萬得等人。蘇、王二人在松山會議本來與謝雪紅就有分歧，如今陳德興又把共產國際所指控的「機會主義」罪名帶回來，蘇、王等人遂順水推舟將此一帽子丟給謝雪紅。

據謝雪紅後來的口供說，陳德興返台後，並未把信息交給她，她認爲這是翁澤生的離間。關於這點，也是台共史上的一大疑案。

無論如何，蘇新、蕭來福、陳德興與王萬得，決定遵照國際共產的指示，進行黨的改革，這就是台共史上有名的「改革同盟」。

一九三〇年十二月二十七日，蘇新等人在台北市宮前町王萬得的住處，討論東方局的指示，並協議初步的改革方針。十二日，協議中決定了七名主要的負責人，他們是蘇新（礦山工會組織負責人）、蕭來福（交通運輸工會組織負責人）、趙港和陳德興（農民組合支部）、莊守（南部地方負責人）、吳拱照和王萬得（文化協會支部）等。

蘇新在會中提出的議案是，應向大工廠、鐵道、港灣、礦山等處滲透，打破一向的宗派傾向，進行活潑的工會組織運動，向台灣赤色總工會組織邁進。他認爲，要達此目的，必須召開全島工人運動代表者會議，組成「台灣赤色總工會組織準備會議」，成爲工會組織運動的統一指揮部。

從這裏可以了解，蘇新對松山會議的決策是相當固執的；對於謝雪紅所說實際上的困難，蘇新並未予以考慮。對他來說，一個統一的指揮機構是促進工會運動的重要步驟。

一九三一年一月二十七日，改革同盟正式成立。他們提出了過去台共的六個缺點：

第一，組織上犯了閉鎖主義的謬誤。

第二，在政治上犯了沒有活動的謬誤。

第三，沒有確立黨的機關與細胞。

第四，黨員中沒有細胞生活，使黨員未能了解黨的政治綱領與其他黨的政策。

第五，黨各級機關與支部沒有明確的界限。

第六，上級機關對下級機關支部的指導與指揮非常不夠充分。

這次會議提出的每一點，都是針對謝雪紅而來；因此，雖然沒正式把謝雪紅除名，他們實際上已宣告分裂。

赤色總工會的構想

在改革同盟的成立大會中，蘇新擔任極爲重要的角色，因爲礦山工會運動的布局，都是由他一人安排，所以他提出來的報告與建議，都獲得與會者的首肯。

在這次會議中，蘇新、趙港、陳德興、蕭來福、王萬得當選爲中央常任委員。這是蘇新第一次躋身於台共的中央組織，時年二十四。無可否認的，擔任中央常委的蘇新，在台共組織中的地位提升了許多。因爲他除了要與其他常委分配黨的任務之外，他本人要起草黨的政治綱領，並負責黨的機關刊物。在機關報中，蘇新做了如下的報告：

一，改革同盟成立的原因及經過。

二，對舊中央幹部（即謝雪紅等人）的抨擊及其理由。

三，有關黨的多數派（布爾塞維克）的資料。

四，對民衆黨的鬥爭。

五，借家人（賃屋者）的問題。

六，文化協會解放的問題。

七，總工會的組織。

八，農民運動。

蘇新提出的以上八點中，最後六項都與謝雪紅發生衝突。從這裏可以看出，在台共分裂的過程中，蘇新實扮演了相當重要的角色。蘇新與謝雪紅之間的意見分歧，必須落實於當時的政治、社會背景來觀察，關於這點日後將以另文討論。

改革同盟會會議結束後，蘇新在台北日新町蓬萊閣附近閉門撰稿，起草上述問題的原稿，以做成中央通告，並於二月中旬寫好〈台灣赤色工會的組織與戰術〉。這篇文章預定交給設於台北國際書局的台灣戰線社。不久，台灣戰線社便遭到日警的搜查。此文也爲警方沒收，出版未果。

日警在一九三一年展開檢舉台共時，曾沒收了一份〈總工會組織準備會的確立〉的文件，相信這份資料一定是出自蘇新之手，因爲他是準備會的負責人。爲了了解蘇新此時的思想狀態，特將此文件的〈前言〉譯出：

一，資本主義國家的經濟恐慌，如今已變得非常激烈。無知於不景氣卻誇稱全盛的美利堅合衆國，正表現出它更深一層的尖銳化。生產過剩、購買市場的縮小，以及其間的矛盾，正日益擴大；資本主義國家的慢性恐慌，也更加深發展。占世界經濟重要地位的產業部門，如今也面臨危機；資本主義的列國，特別是殖民地諸國的農業恐慌，也正表現出扼殺人民的尖銳化。

二，這樣的經濟恐慌，使得帝國主義者日益狂暴，迫使他們施用一切的手段。也就是說，在一切的產業方面，要使產業合理化，就要強化勞動力量。勞動者大量的裁員，使失業者大量走向街頭。帝國主義更爲了世界的再瓜分，目前最大的急務是考慮屠殺人民的戰爭，並且加緊準備。如此，無產階級都要變成勞動階級，承擔經濟恐慌一切的結果。勞動工資的低下、勞動時間的延長、勞動日程的強化等等，一言以蔽之，都是爲了這個理由，正是要把勞動者的骨髓吸得一乾二淨。羣體裁員的結果，造成全世界兩千七百萬的失業者，他們爲此而迷失於街頭，並被迫在戰場餓死。迫切的帝國主義戰爭的狂熱準備，都與這些有密切的關係，使得勞動階級承擔一切的後果。

三，世界無產階級日趨革命化，被壓迫民族日趨革命化，殖民地的罷工日趨暴力化。

四，蘇維埃同盟社會主義的建設，有著驚人的發展。

由於這只是大綱而已，因此第三、四項只是簡略的筆記。蘇新在這份文件中，除了觀察世界的形勢，對於島內的情況也予以概括的分析。他認爲台灣的不景氣，與「產業的合理化、勞工的失業、工資的低下、農業恐慌（農產品價格的暴跌），以及農民大衆的貧窮化」都有關係。

蘇新認爲，自一九三〇年以來，已見到台灣勞動階級的罷工，波瀾壯濶，有些是自發性的，有些則是如計畫一般地發展。他認爲這是勞工運動，正以穩固的步伐抬頭，足證共產國際的分析是正確的。

因此，他認爲必須追隨羣衆之後，把他們有計畫、有意識的組織起來。正因如此，所以當前的急務便是確立「台灣赤色總工會」。

台共第二次臨時大會中的蘇新

改革同盟成立以後，便展開對舊中央幹部的鬥爭。但是謝雪紅認爲，台共之所以陷入機會主義的謬誤，並非只是她個人的事，而是需要全體台共黨員的檢討反省。根據《警察沿革誌》的紀錄，謝雪紅在日本預審庭裏，於口供中指出台共犯了機會主義錯誤的原因，她說：

一，未能接受日本共產黨的指導。

二，以知識分子爲基礎。

三，在黨形成大會中所決定的政策裏，有一部分與實際形勢不符。

四，組黨的成員中，缺乏政治生活。

五，無政府主義一派不斷在搞陰謀。

在上述原因中，當以第三項最值得注意。因爲，任何從事政治運動的組織，必須考慮到政策與現實的配合。如前所述，謝雪紅非常重視實際的運作，她了解在當時的環境中，台共的活動有其局限，因此，對於台共的種種成就不敢估計過高。她指出黨政策與現實不符的原因：台共決定組織「大衆黨」是錯誤的、在勞工運動中的戰略戰術犯了錯誤、中央委員的人選不恰當、對台灣資產階級的認識不夠徹底，以及台共的政策不符合台灣文化協會的組織規程等等。

但是，包括蘇新在內的改革同盟，對於共產國際的急速發展相當折服，他們深深相信第三國際的指導與判斷，必然是正確的。不僅如此，改革同盟成立後，也立即寫成報告給第三國際東方局，希望能對其選出的中央委員予以承認。這份報告說：「陳德興對謝氏阿女（雪紅）陳述黨改革的意見，阿女拒絕接受，並稱那是上海同志不負責任的中傷。」

報告又說：「黨中央幹部林日高、莊春火旣已沒落而被除名，剩下的一人（即指謝雪紅）毫無改革的誠意，我們乃糾合同志，組成改革同盟，著手於黨的改革，現在我們所知的範圍內，大多數人都有改革的意願，並加入了同盟。其中主要的同志是趙港、陳德興、蘇新、蕭來福、吳拱照、顏石吉等人；其他受機會主義者謝氏阿女的影響者，只不過數名而已。我們在改革同盟成立後，獲得新黨員的力量，並具有決心專注於擴大黨的影響。」

根據這份報告，改革同盟的影響力已擴及工會、農民運動、青年運動、婦女運動、文化協會、反帝同盟、救援運動等方面。

一九三一年三月二十日，改革同盟獲得共產國際東方局的〈致台灣共產主義者書〉。這封書信提出了十個口號，這成爲台共改組後的綱領基礎：

一，帝國主義統治的顚覆，日本帝國主義企業的沒收，台灣政治、經濟的完全獨立。

二，無償沒收一切的土地，歸鄉村中農、貧農使用。

三，消滅壓榨階級及一切封建的殘餘。

四，顚覆帝國主義、本土地主、資本家的政權、建立工農的蘇維埃。

五，取消帝國主義者的一切賦稅和一切苛稅。

六，實行最長八小時工作制與社會保險法，極力改良工人階級的生活。

七，階級職工會的組織與行動，完全自由。

八，保護國際無產階級與被壓迫勞苦羣衆的祖國蘇維埃聯邦。

九，團結國際無產階級與親密的同盟，特別是聯合日本無產階級，反對共同的敵人日本帝國主義。

十，擁護中國的蘇維埃運動、印度的革命，以及殖民地和半殖民地各國勞苦大衆的鬥爭。

以上的十項口號，充分反映出第三國際對當時台灣現實所了解的程度。其中談到要保護

「無產階級祖國蘇俄」，以及「擁護中國的革命運動」，對台共來說，非常明顯是不切實際的。然而改革同盟之所以要與共產國際聯絡，只不過是要得到「承認」而已。結果，爲了「承認」的問題，還連帶要執行共產國際所交付的任務。

這份〈致台灣共產主義者書〉到達後，立即引起蘇新的共鳴。他在《大衆時報》發表了兩篇文章，一是〈目前國際的與國內的客觀形勢〉，一是〈台灣共產主義者的任務〉。

一九三一年四月十六日，潘欽信扮成中國的工人，從廈門到達高雄，並立刻轉往台北，與王萬得、蘇新、蕭來福等見面，舉行「臨時大會準備委員會」。經過數次的集會，乃決定召開台灣共產黨第二次臨時大會，各方代表名單如下：

共產國際代表：潘欽信

改革同盟中央委員代表：王萬得

勞工運動同志代表：蕭來福

農民運動同志代表：顏石吉

北部地方同志代表：蘇新、簡娥

南部地方同志代表：劉守鴻、莊守

這次會議是台共的最後一次黨員大會，此後，便遭到一連串的逮捕、檢舉，一直到台共全部瓦解爲止。

蘇新躋身中央委員

台共的黨臨時大會，是從一九三一年五月三十一日至六月二日，會期共三天的時間，這次大會是爲了確認改革同盟的決議，同時進行討論新的議案，爲台共的新陣容做鋪路工作。這次議案計有六項，即一，機關刊物的發行；二，增派同志到礦山地區；三，派遣同志到台灣東部；四，把謝雪紅一派除名；五，黨員對黨財政的支持；六，設置黨員訓練班。

在這六項議案中，和蘇新有密切關係的，應當是機關刊物的發行、增派同志到礦山地區和開除謝雪紅一派。就機關刊物來說，在這次出席者之中，當以蘇新最有經驗，從種種事實來觀察，台共的許多重要文件都由蘇新執筆。其次，蘇新負責礦山地區的工作，因此增派同志一事，必然與他的工作發展有很大的關係。至於開除謝雪紅的議案，也牽涉到他對黨工作性質的看法與謝雪紅有相當大的歧異。

這次大會的會場，是由王萬得選定於台北州淡水郡八里庄八里坌鄭水龍的住處（即今觀音山麓）。據嗣後台共致共產國際的報告，可知會中有十項結論：

第一，解散改革同盟。台共既已召開大會，改革同盟的任務已經完成，至此應該解散。

第二，決定新的政治綱領。

第三，有關黨的新聞報導，決定發行非法的機關刊物。

第四，開除謝雪紅、楊克培、楊克煌。

第五，參加改革同盟的黨員，加入新政治綱領統治下的黨員組織。

第六，根據政治綱領，規定黨的組織方針。

第七，由中央委員會起草有關勞工運動、農民運動及其他羣衆活動的方針，並於下次大會中提出並決議。

第八，接受中國共產黨友誼性的提議，並致問候書。

第九，選舉黨中央委員，包括潘欽信、蘇新、顏石吉、劉守鴻、王萬得。候補中央委員是蕭來福與簡娥。

第十，由臨時大會發表〈告全體同志書〉。

上述的十項決議中，當以政治綱領的確立與中央委員的推選最為重要；而在這兩項中，蘇新的角色是不容忽視的。

台共的第三次政治綱領，首先由蘇新起草。在改革同盟成立大會時，他不僅受命要寫中央通告，而且也負責擬定政治綱領。到了這次臨時大會之前，潘欽信再度起草一次，然後由蘇新來謄寫。因此在台灣共產黨的改組與新指導方針方面，蘇新占有相當重要的地位。

難以理解的是，從這次的決議看來，台共寧可接受中共的「友誼」，卻不惜開除自己民族內部的黨員。那麼，在討論台共的歷史時，有關民族問題與階級問題之間矛盾與衝突必須予以密切的考察。在這衝突中，階級這個東西，究竟是屬於敵我的矛盾，還是屬於民族內部的矛盾？這個問題台共顯然沒有釐清，而且也沒有解決，由於這個問題極其重要，後文將闢一節來檢討。

這份綱領顯示，雖然台共承認當時的革命性質是帶有資產階級性格的工農民主革命，但是它在政綱中所採取的方向，卻走的是極左的路線。如果是極左的，那麼就注定要與其他政治團體分裂。

台共在開完第二次臨時大會之後，便立即遭到大檢舉，因此後人難以推測台共在新的綱領指導之下，會產生若何的效果。但是，從它過去和台灣文化協會與台灣民衆黨的對立的事實來看，不能不使人懷疑它極左路線的可行性。

這次大會在六月三日結束，四日即在王萬得的工作站召開中央委員第一次會議，會中決定各人的位置如下：

書記長：王萬得

組織部：潘欽信

宣傳煽動部：蘇新

台共便是以書記長、組織部和宣傳煽動部形成該黨的執行局，而以書記長爲負責人。其他地方的部署，也做了如下的決定：

勞工運動：蕭來福

農民運動：顏石吉

北部地方：中央常任委員會直轄

中部地方：詹以昌

南部地方：劉守鴻

東部地方：盧新發

至此，台共內部的混亂與分歧告一段落。就它整個發展的事實來觀察，台共擴張的「黃金時期」，應是從一九三〇年十二月到一九三一年六月。因為，自建黨以來，台共便連續遭到日警的逮捕與追蹤，它本身又與共產國際失去聯絡。

到了改革同盟成立以後，台共與共產國際之間才正式建立了通信管道；而且台共也有了明確的方向去發展。然而，台共的鼎盛期畢竟只有六個月而已。不多也不少。

蘇新獲選擔任中央委員以後，便回到北部礦山地區去工作。就在這段期間，台共的成員就遭到徹底的逮捕與肅清，但是，蘇新並不知道他的黨組織已面臨瓦解的命運。

蘇新在基隆一帶的工作，是根據他自己手訂的〈台灣礦山工會行動綱領〉去實踐的。無可否認，蘇新確實堅決站在工人階級的立場，這一點具體反映在行動綱領之上。例如，他主張應爭取罷工、示威運動與黨外集會的自由，爭取制訂最低工資標準與最長八小時工作制。他對女工、童工在夜間工作的制度，也認為應該廢除，他更堅決反對婦女及十六歲以下的工人進入礦坑裏工作。

一九三一年六月以後，日警便積極展開搜捕的行動。蘇新在事後獲悉消息後，不僅沒有退卻，反而發起黨的再建運動，他的果敢精神，不可不謂悲壯。

一九三一年的台灣

一九三一年，是台灣抗日政治運動最為凋零不堪的一年。在這一年中，首先是台灣民眾黨被日警強制解散；繼而，台灣共產黨遭到徹底的逮捕；接著是抗日運動的領袖人物之一蔣渭水，遽然去世；最後是「革新保台」色彩甚濃的台灣地方自治聯盟，正式舉行第一次全島代表大會。

因此，要考察日據時代的台灣政治運動，一九三一年的重要性是不容忽視的，因為，在這一年之前，台灣人的解放團體不斷的發展與擴充；在這年之後，解放運動的趨勢便江河日下，不復昔日雄風。把一九三一年視為分水嶺，甚或視為一個休止符，當不為過。

對日本帝國主義者來說，這一年也是正式對外擴張的開始，自一九三〇年以來，世界性的經濟恐慌，在日本及其殖民地造成了連鎖的反應。日本統治者在經濟不景氣的壓力之下，乃無可避免地採取對外軍事擴張與對內政治鎮壓的手段。

就軍事擴張而言，日本在這一年於中國東北發動了九一八事變，這是所謂「大陸政策」的先聲。在對內鎮壓方面，便是於殖民地台灣開始解散或逮捕政治反對者。

台灣民衆黨的解散，無疑是抗日解放運動的一個沉重打擊。蔣渭水在一九二七年建黨之初，便揭櫫「全民革命」的口號。他宣稱的「全民革命」，乃是強調以工農爲主並聯合各階級的民主革命。然而，蔣渭水也認識到全民革命的局限性。

一九三〇年七月，蔣渭水在《台灣民報》發表了一篇〈十五年後解放運動〉，特別指出：「在整個解放運動的進展中，那些墮落的指導者將會在困難的試煉下，逐漸被篩落出去。因此，在今後的十年間，台灣的解放運動陣容中的知識分子及中產階級，將會日漸遞減，而無產階級和農民之間的同盟，卻將更堅固的結成。」

蔣渭水的這番見解，一方面是對當時政治運動的回顧，另方面也是對未來解放運動的一個預言。顯然，蔣渭水已強烈暗示台灣民衆黨將會有重大的轉向。果然，同年十二月，在民衆黨的中央常務委員會中，蔣渭水便提出修改黨綱政策的議案，其目的在於完成「無產階級與農民之間的同盟」。

一九三一年一月九日，蔣渭水在新竹支部的黨員大會上，就指出修改民衆黨綱領的幾個原因。首先，蔣渭水認爲民衆黨創立當時，頗受日本帝國主義者的壓制，同時也受到客觀形勢的限制，所以立黨精神未能充分表現。其次，他分析黨內外的條件已有顯著變化。就黨外來說，「世界經濟恐慌，失業者日日增加，資本主義經濟已陷入老衰沒落的時期」；而且「蘇俄的社會主義經濟正在新興勃起」。就黨內來說，「資產階級和反動的知識分子，已經逃避退卻了」。綜合上述的原因，蔣渭水認爲客觀的和主觀的情勢已經成熟，綱領政策的修改正是時候。

蔣渭水的提案在黨內引起很大的爭議，因此「全民運動」和「階級運動」便形成兩條對立的路線。

二月十八日，蔣渭水的提案獲得多數票通過。在會中他特別指出，「吾人的運動，不單是(爲)資產階級獲得政權，而是爲大多數的工人、農人、無產市民及被壓迫階級獲得政權才是，經濟運動的主旨也是如此。」

然而，也就在決議走向階級運動的路線時，台灣民衆黨在同一天就遭到日警的禁止並解散了。台灣民衆黨的歷史，前後共計三年七個月。無可否認的，民衆黨受到公然的壓制，對當時台灣各政治團體產生很大的震撼。

如果民衆黨沒有遭到禁止的話，它所走的路線或有可能日益接近台共所強調的口號。蔣渭水提倡「以農工階級爲中心之民族革命」，台共則主張「資產階級性的工農民主革命」。基本上，雙方都認爲應聯合資產階級，以推翻日本帝國主義者。但是，他們之間的最大分歧，在於民衆黨強調「民族革命」，台共則堅持「民主革命」，這就牽涉到雙方對當時階級問題的認識程度了。台共之反對民衆黨的主要原因，也就在於此。

基本上，蔣渭水認淸當時台灣人的力量還非常脆弱，因此必須滙集各階級的反抗力量。他提出聯合階級的革命運動口號，乃是以民族主義做爲號召。問題是，蔣渭水信念中的「民族」並沒有確切的定義，所以他以「全民」來取代「民族」。也就是說，在民族革命運動過程中，一切的矛盾，應以全民的利益做爲優先的考慮，階級的矛盾應居其次。所以，他所強調的「民族革命」，對於台灣資產階級具有相當大的包容性。

而在台共的認識裏，台灣民族主義已是一個非常鮮明的概念。早在一九二八年台共建黨時，他們已經肯定地提出「台灣民族」的意識。這一點非常重要；日後，蘇新就在這個認識上產生很大的分歧，從而影響他後半生的政治命運。關於這點，後文將會討論。

台共認爲，台灣民族主義的信念是顚撲不破的。那麼，要解決台灣民族的問題，就必須透過階級矛盾衝突的調和來解決。因爲，他們認爲台灣當時的資本都壟斷在日本帝國主義者手中，即使台灣有少數的本地資本家，他們也是依附帝國主義者而生存。

台共也強調要集中所有的反抗力量，但是，他們既然認爲反帝的政治運動是「階級運動」，則階級的矛盾自然比民族的矛盾還要優先。在他們的綱領裏，也必然不能包容資產階級；尤有甚者，在實際的行動上，他們也難以和資產階級攜手合作。

明乎此，台共之所以和台灣民衆黨處處對立的理由，也就可以了解了。台共把民衆黨冠爲「機會主義」的原因，也由此可以推知。

但很諷刺的是，當台共主張要解散民衆黨之際，日警已採取鐵腕手段率先禁止民衆黨的結社了，更諷刺的是，民衆黨的解散，是台共黨員被捕的徵兆，一場風聲鶴唳的全島大檢舉，從而次第展開。

台共大檢舉

一九三一年六月開始的台共大檢舉，意味抗日運動中極左路線的一大挫敗。

日本統治者對共產黨員的監視、追蹤與逮捕，在其本國與殖民地（包括台灣與朝鮮），都是採取嚴厲的壓制措施。一九三一年的台共大檢舉，事實上是一九二八年逮捕的延長。從日本警方的紀錄來判斷，日警在東京、上海與台灣都布下緊密的眼線。

蘇新在一九二九年和蕭來福匿名潛回台灣時，日警便積極地展開追蹤了。正如前述，蘇新當時的假名是李阿猛，蕭來福則使用蕭一鶴或蕭乃鶴的代名。由於他們成功地以假名活動，所以屢次都能逃過警方的監視網。

台共大檢舉始於第二次臨時大會結束之後。據《警察沿革誌》記載，日警在一九三一年元月即獲知台共得到上海翁澤生的指令，準備重新發展台灣的共產主義運動。

最早遭到逮捕的是參加農民組合的趙港，他早在三月就被日警發現，在他的住處也搜查了一些重要文件，包括：〈改革同盟成立文件〉、〈文協解消問題〉、〈台灣運輸工會組織文件〉、〈台灣運輸工會運動方針〉等十數項。趙港被捕後，日警禁止讓消息見諸報端，因此，一般人並未意識到事態的嚴重。趙港在自宅中被捕時，陳德興得隙脫逃。但是，到了四月，陳德興在高雄也被捕了。

台共召開第二次臨時大會時，已不見趙港和陳德興的名字。從現有的史料來看，實很難判斷當時台共對趙港被捕事件的反應；但是，從他們提出的綱領和運動方針來看，台共並沒有表現任何的畏懼。就蘇新所擬定的政治大綱，以及隨後他在礦山工作情形來說，都可推測出他保持一貫的戰鬥性。

六月二十六日，被台共開除黨籍的謝雪紅、楊克培，同時遭到逮捕。七月十七日，警方也偵知王萬得的住處，予以逮捕。

到了七月底，蘇新的摯友蕭來福也被捕了。有關蕭來福，在此必須附帶一筆。

蕭來福可以說是蘇新一生的患難朋友。蘇新留日期間，與他一起負責《大衆時報》的編輯工作，後又一起負責發行《無產者新聞》。東京青年會的通訊，蘇新與蕭來福也共同輪流主編、謄寫。一九二九年四月，他們又一起回台灣，負責台共的工人運動。

在抗日的政治運動中，台共可說很成功地掌握了農民運動，正如台灣民衆黨能夠控制工人運動。無疑的，台共雖然知道工人是整個反日運動最重要的一環，但是他們最脆弱的一環，也是工人運動。

蘇新與蕭來福就承擔了這方面的艱鉅任務，亦即蘇新發展礦山工人的組織，蕭來福則推動運輸工人的活動。在今日遺留下來的台共工人運動的文件史料中，有百分之八十以上，都是出自他們二人之手。他們的相互配合，在台共的工作小組裏，可以說是最爲完美的搭檔。

到了戰後，蘇新就與蕭來福的妹妹不纏結婚。所以，蘇新不僅是蕭來福的同志，同時也是他的姻親。在所有台共中，爲後人眞正留下著作的，也只有他們二人。蕭來福在一九四六年，以蕭友山的筆名寫了一冊日文的《台灣解放運動の回顧》（台北：三民書局）；蘇新則在一九四八年以莊嘉農爲筆名，寫了一部《憤怒的台灣》（香港：智源書局）。隨後，他們又一起投靠中國共產黨。因此，綜觀蘇新一生的事蹟，蕭來福在他生命中，實占有非常重要的地位。

台共的重建運動

到了一九三一年的七月底，台共的中央委員已都遭到逮捕淨盡，唯獨蘇新躲過警網，逃往羅東，繼續從事黨的重建運動。

台共的再建運動，可以分成兩方面來觀察，一是以屬於謝雪紅派的劉纘周爲中心，一是以改革同盟派的蘇新爲主。他們之所以繼續致力於再建運動，固然是爲了鞏固以共產主義爲主流的抗日運動，但還有一個更重要的原因，便是要爲他們各自的派系在台共中爭取到「正統」的地位。

對蘇新等人的改革同盟派來說，他們已獲得共產國際的指示，他們也遵照共產國際的命令去推展工作，按理說，應是已獲得「承認」，等於是得到了「正統」的地位。但是，從謝雪紅等人的立場來看，他們並不承認改革同盟派的正統地位。相反的，他們還認爲改革同盟一派背叛了共產國際，是一種反革命的行動。

因此，謝雪紅、楊克培等人被開除黨籍以後，並不感到灰心。尤其是謝雪紅，她特地派劉纘周和日本共產黨聯絡，希望能獲得共產國際的承認，以恢復正統的地位。

劉纘周，又名彭金土，新竹州新竹市人，係以船員爲生。台共第二次臨時大會召開之後，劉纘周便奉謝雪紅之命前往日本神戶。劉纘周的主要任務有幾點：

第一，希望能求得日本共產黨對改革同盟一派的批判，並給予新的指令。

第二，日本共產黨應派出代表全面整理台共的組織。如果不能的話，則應由台灣派代表。

第三，台共係以日本共產黨台灣民族支部的名義成立的，隨即斷絕了聯絡。日本應釐清與台共的關係。

第四，共產國際東方局是否知道改革同盟一派的陰謀，日共中央應予以調查清楚。

第五，改革同盟一直宣稱獲得國際東方局的三千元資助金。此事是否屬實，有的話，請說明接受者是誰，以及交付的地點與時間。

第六，應批判文化協會解散論的是非。

從上面的六個問題可以看出，謝雪紅一直認爲改革同盟派蒙蔽了共產國際東方局，從而篡奪了台共政治運動的「法統」。雖然，劉纘周赴日與日共中央聯絡上，卻並沒有得到肯定的答覆。有關改革同盟的問題，日共只作了三個簡略的指示。

首先，有關改革同盟成立一事，日共認爲該同盟未經過黨的正式機關的通過，就策動黨員成立，就是犯了重大的錯誤。至於幹部如果犯機會主義錯誤的話（指謝雪紅等人），就必須召開大會來解決。

其次，有關台灣文化協會是否應解散的問題，日共認爲當時台灣的反帝同盟和救援會等組織還未完成，台灣文化協會有必要繼續存在。

最後，有關改革同盟一派與共產國際的關係，日共認爲這個問題非常重大，未克立即答覆。日共將照會共產國際東方局。

劉纘周於八月返台時，謝雪紅等人已經入獄。他只好與殘餘的舊黨員聯絡，以台灣共產黨的名義發出宣傳單。根據《警察沿革誌》的記載，劉纘周發行了如下的文件：〈同志們！應堅守鐵的紀律和祕密〉，〈祝工農報的發行〉，以及〈蘇維埃同盟第十四週年革命紀念日已屆〉等等。劉纘周是在十一月被捕，隨即死亡於日本警察的獄中。

相形之下，蘇新爲改革同盟一派所發展出來的重建運動，就顯得較具組織性。無疑的，即使台共沒有被檢舉的話，蘇新一系的努力與成就，將可取得正統的地位。換言之，蘇新等人的改革同盟似乎等於是台共的布爾塞維克派，而謝雪紅等人則是孟塞維克派。

無論如何，蘇新所採取的重建戰略，都相當符合當時共產國際的政策與組織方式。一九三一年七月，蘇新在基隆風聞台共黨員開始遭到逮捕後，便立即潛往羅東，與當地的地方同志盧清潭取得聯繫。

蘇新在宜蘭、台北兩地，與其他尚未被捕的黨員決定了兩個重大的工作：第一，有關黨的再建運動與路線問題；第二，成立犧牲者救援會。

就黨的再建運動來說，蘇新認爲應該激發當地工農團體的日常鬥爭，團結其他大眾團體，並且吸收在鬥爭過程中表現優異的分子，以期達到黨的再生的目的。

在吸收黨員之餘，蘇新更進一步決定應該解散台灣文化協會。對於台灣文化協會的態度，台共一向主張應該解散的。在他們的眼光裏，文協是一小資產階級的組織；他們認爲，文協的歷史使命已經完成，沒有必要存在。如果繼續存在的話，將會阻礙工人運動、農民運動、借家人（賃屋者）運動、反帝運動，特別是阻礙台灣共產黨的發展。因此，爲了加速台灣革命的勝利，就非得加速解散文協不可。

蘇新認爲過去黨中央對此態度過於消極，而且也不能影響文協的中央委員會。因此，他當機立斷，改變策略；也就是說，不管文協中央領導人的意見如何，首先應從文協的各地方支部開始解散。

在解散文協的過程中，不僅要激發小市民羣衆的日常鬥爭，而且也要黨的政治口號滲透進羣衆中間，以期擴大黨的影響面，在宜蘭、羅東地區，要通過借家人的運動完成文協的解散。

上述的工作，宜蘭地區由盧新發負責，台北地區由林殿烈、張道福負責。蘇新的果敢行動與組織能力，在這種時間緊迫的重要關頭，充分表現出來。

但是，蘇新還決定了一個更重要的工作，便是成立犧牲者救援運動。這是當時共產國際發展過程中的重要一環——赤色救援會。

從此以後，台灣赤色救援會便積極在各地成立組織，其發展之迅速，是台共成立以來最爲驚人的一次。蘇新在九月十三日被捕，赤色救援會則同年年底遭到檢舉，各地牽連的人物，計達三百餘名。

蘇新被捕入獄

自一九三一年八月以來，蘇新身著公務員制服，躲過了日警的眼線。此其間，他一共跑遍半個台灣，根據《警察沿革誌》，他的行蹤大約如下：七月中旬潛往宜蘭，八月三十日返抵台北，九月三日進入彰化，九月五日到達嘉義，九月十三日再折回彰化時就被逮捕了。

自一九二八年加入台共，到一九三一年九月被捕，蘇新始終都表現出他對黨的忠貞，以及他對社會主義的信念之堅定不移。台共的擴建與重建的過程中，蘇新無疑扮演了重要的角色。由於史料的隱晦，我們並不能清楚辨認他生動活潑的一面，但是，在斷續的隻字片語中，我們似可捕捉到他蓬勃戰鬥的影像。

蘇新在一九三三年被判十二年徒刑，時年二十四歲。一九四三年他出獄時，台灣正陷入太平洋的激烈戰火中，蘇新一生中最可貴的年華，就在日本獄中消磨掉了。

在此必須一提的是，台共的史實之所以如此隱晦不彰，一方面固然是遭到統治者的壓制。

但另方面也是當事人不願說明清楚。

有關台灣共產黨發展始末，紀錄最清楚的就是日本當局出版的《台灣總督府警察沿革誌》，其中蒐集了可貴的第一手史料，有的是被捕台共在獄中的口供，有的則是日本警方逮捕過程中獲得的黨內文件與宣傳資料，可信性相當高。此書因是日文寫成，對於台灣年輕的一代使用起來很不方便，期盼有心人能全部譯成漢文。

其次是黃師樵編著的《台灣共產黨祕史》，出版於一九三五年。根據編者所說，由於台共被捕事蹟，日本當局禁止出版，所以當時許多人並不知情。到了一九三三年，日方才部分解禁，黃師樵得以出書。據他稱，他還準備出版第二集，唯未見出版。此書係以傳記爲主，史料粗疏，文字也嫌生澀。但是，在史料極度缺乏的情況下，亦不失爲了解台共歷史的重要史料。

蕭來福在戰後出版的《台灣解放運動的回顧》，是以日文寫成。蕭來福只集中描寫台灣文化協會、台灣民衆黨、農民運動等的史實，未嘗及於台共的發展過程。

蘇新自己撰寫的《憤怒的台灣》，由於他撰寫時，政治立場已經改變，因此對於台共的始末也是輕描淡寫一筆帶過。

總之，台共的歷史有待整理，而且必須立刻著手整理，莫讓這段珍貴的史實因年代日久而湮滅。

戰後的蘇新

一九四五年，對台灣人民來說，是一個充滿了期望與許諾的年代。太平洋戰爭畢竟結束了，而更重要的，日本帝國主義統治也隨著宣告結束。在這新舊世代交錯之際，台灣的知識分子所懷抱的心情，可以說比當時的一般百姓還帶有更濃厚的憧憬色彩。在忍受日本殖民統治長達半世紀之後，台灣知識分子的思想出路幾乎毫無例外的都導向古老的中國文化，從而他們對亞洲古老大陸的政權，也在複雜的政局變化中產生強烈的認同感。

蘇新後半生的悲劇角色，也就在這段紛亂的時局中開始塑造了。在日據時代，一位堅決擁護台灣獨立的社會主義者，在戰後突然失去撥開政治迷霧的能力，同時也失去對台灣社會與中國社會之間異同的分析能力；他反而如一般知識分子那樣，失落在激盪的時局之中。

一九四五年八月十七日，亦即日本投降後的兩天，《吳新榮日記》寫著：「今日訪客太多，曰郭水潭、莊清初，曰蘇君、鄭國津，曰黃庚申、洪金湖，曰賴石城、王書，曰呂寶夜、洪擢諸氏以外數名，總是時局未定，個個都感覺不安。」

吳新榮以「感覺不安」來形容當時知識分子的心情，是相當可以理解的。未幾，蘇新就加入吳新榮所組織的「里門同志會」，此會的目的在於「建設佳里及北門地區之新文化，藉作政治團體之外圍組織」（見《吳新榮先生年譜初稿》，頁五二）。

然而，最能反映蘇新認同中國文化的事實，便是他與吳新榮積極籌組「三民主義青年團」，這個團體是由台灣的知識青年自動自發組織起來的。根據吳新榮的《年譜》，同年九月二十一日，「蘇返自台北，謂已會見奉命籌組三民主義青年團台灣區團之張士德上校，預定台南州轄分團及負責人……」。九月二十三日，「與蘇、吳拜、榮山、義成赴台南，同訪韓石泉，……蘇面告石泉以三民主義青年團金石組織委員會之經過並求其協力，石泉謂待其靜思三日後回覆。……後與蘇赴基督教會，向台灣學生聯盟說明組織三民主義青年團之必要」。九月三十日，「北門郡下三民主義青年團籌備委員大會，……會議由（吳新榮）先生恭讀總理遺囑，水潭致開會辭，蘇報告經過，後討論組織問題，歷一小時乃畢。晚招待遠道來賓，……席上蘇傳達張士德上校委任（吳新榮）先生爲曾文組織員之命令」。十月十三日，「蘇返自台北，告知團之編組有所更動，曾北分團全銜改爲『三民主義青年團中央直屬台灣區團台南分團北門分隊聯合辦事處』，並決定人事……」。

從上述的紀錄看來，「三民主義青年團」的成立與聯繫，蘇新實占有非常重要的地位。吳新榮後來在他的《震瀛回憶錄》說，三青團「是在這地方自台灣光復最初的一個集會」。

蘇新於一九四九年以莊嘉農爲筆名，寫了一冊《憤怒的台灣》，書中對他自己參加三青團的經歷，有了如下的檢討：「不知道蔣介石式的法西斯統治的台灣人民，當初都以爲台灣眞正解放了，政治運動可以自由了，於是各地成立了許多大大小小的團體，如：『三民主義研究會』、『治安協助會』、『新生活促進會』，甚且誤認『三青團』爲眞正三民主義的青年組織，而許多青年都加入了它。他們的目標是模糊地標榜：協助新台灣的建設，促進台灣地方自治的實現，擔負起過渡時期地方治安的維持，三民主義的研究和對一般羣衆的民主思想的啓蒙教育等等。」

蘇新寫這段話時，他已逃到香港，並準備進入中國大陸。遠隔一個海峽，同時又經歷了二二八事件，他對國民黨的統治本質自然看得一清二楚。然而，置身於戰後一九四五年的蘇新，並未具有如此透視的能力。相反的，他投入三青團的政治活動，甚至也介入報界的文化活動。

就有限的資料來看，他參加文化活動的經歷，包括擔任《政經報》、《人民導報》、《中外日報》和《台灣文化》的主編。其中最重要的，當然是擔任《台灣文化》的編輯工作。

一九四六年五月二十二日《吳新榮日記》記載：「台北台灣文化企業社籌備會主任宋斐如來公函，推爲發起人。這是蘇君的營地，也是我們的後靠，當然我們要極力支援。……日本時代我們所欲而不可得者，現在皆有實現，實也可爲安慰的。」這一點很重要，因一九四三年蘇新曾建議應該成立「台灣文學有限公司」，未能實現。如今，終於成立台灣文化企業社，集結了當時台灣文化界的人士，無怪乎吳新榮說，這是「蘇君的營地」。

從這些記載，後人隱隱約約可以窺見蘇新可敬的人格。他往往在幕後默默推動工作，卻從未出面擔任發起人。在台共建黨時代，他就表現了這種人格；在戰後推動政治與文化工作時，他也同樣保持客觀超然的態度。例如，三青團的協調任務，便是由他來完成，但他在這個組織中，並沒有擔任具名的職務。同樣的，台灣文化企業社的組織，他也請吳新榮出來擔任發起人，他再次退居幕後。

台灣文化企業社，可能是日後台灣文化協進會的張本。一九四六年後，蘇新便離開台南佳里的故鄉，到台北開拓新的生活；但是這段期間，他仍與吳新榮保持密切的聯繫。

台灣文化協進會

一九四六年六月十六日，台灣文化協進會的成立，意味著戰後台灣知識分子的一個大結合。參加這個組織的成員，可以說都是當時知識界的領導人物，蘇新自然也毫不例外參加了。

值得注意的是，這個組織的性質，與日據時代的台灣文化協會頗爲接近，名稱也幾乎雷同。

根據該會出版的機關刊物《台灣文化》創刊號，文化協進會的組織如下：

理事長：游彌堅

常務理事：吳克剛、陳兼善、林呈祿、黃啓瑞

理事：林獻堂、林茂生、羅萬俥、范壽康、劉克明、林紫貴、邵沖霄、楊雲萍、陳逸松、陳紹馨、徐春鄉、林忠、連震東、許乃昌、王白淵、蘇新

常務監事：李萬居、黃純青、蘇維梁

監事：劉明朝、周延壽、吳春霖、謝娥

毫無疑問的，這份名單清一色都由小資產階級知識分子所組成。在這些成員裏，包容了日據時代台灣文化協會、台灣民衆黨、台灣共產黨的重要分子。這種結合代表戰後台灣知識分子的一次大團結，因爲台灣文化協進會在台灣各地也設了分會與支會，等於是使文化界人士聯繫起來。

此一組織的職掌包括了如下的負責人：許乃昌（總幹事）、沈相成（總務組主任）、王白淵（教育組主任兼服務組主任）、蘇新（宣傳組主任）、陳紹馨（研究組主任）和楊雲萍（編輯組主任）。

該會的機關刊物《台灣文化》創刊號，發行人是游彌堅，編輯人是楊雲萍，但自第二期起，編輯人則改爲台灣文化協進會；顯然，蘇新是從第二期加入編輯的行列。據吳新榮的《年譜》，一九四六年十月八日記載：「作《颱風》（科學的詩），寄蘇。時蘇入文化協進會專任編輯。」吳新榮的詩作〈颱風〉，就刊登於第二期。

值得注意的是，蘇新一接編《台灣文化》第二期，便立刻推出「魯迅逝世十週年特輯」。魯迅一生的摯友許壽裳，當時在台灣大學中文系任教，他就爲這份刊物寫了一篇〈魯迅的精神〉。

蘇新在編輯後記說：「魯迅先生民國二十五年十月十九日在上海逝世，瞬經十週年了。國內每逢魯迅忌日，不僅生前的親友，一般人民大衆亦都哀悼這位中國文化的導師。本省在日人時代，我們不能公然追悼魯迅。雖是去年，因大家忙於慶祝光復，想到魯迅忌日的人很少。今年我們公然紀念魯迅，可說是光復後第一次，《台灣文化》也特輯這期的紀念號。」

這一點充分顯示，蘇新對魯迅人格的崇仰。魯迅在晚年，堅決反抗法西斯統治，蘇新推出紀念特輯，誠然有他微言大義的用心。因爲，到一九四六年後，台灣人民反抗的情緒已逐漸醞釀累積，從當時作家的作品，包括吳新榮、吳濁流、楊逵等人，已都開始表現出對時局的不滿。這次「紀念魯迅」的專輯，就已暗含反國民黨政權的意義。

從以後數期《台灣文化》的內容來看，蘇新以「甦甡」的筆名，寫了不少文章都是針對時局的不滿而作的。他那隱藏已久的革命性格，又慢慢的湧動，等待噴發。

一九四七年風暴的前夕

蘇新主編《台灣文化》共計五期，從第一卷第二期起，至第二卷第三期爲止——亦即從一九四六年十一月到一九四七年三月。從它的內容與風格來看，這份雜誌無疑是代表戰後台灣文壇的水準，當時許多重要的台灣作家，都撰文發表於《台灣文化》，這些作家包括楊雲萍、林荆南、吳新榮、王白淵、呂訴上、呂赫若、楊守愚、藍蔭鼎等人。如果這份刊物能繼續維持下去的話，那麼，它可以做爲戰後台灣文化思想開花結果的一個預告。

但是，那畢竟是一個劇烈轉折的年代。置身於時代的潮流中，蘇新也已感知一個風暴即將到來。在《台灣文化》中，他以「甦甡」爲筆名所寫的文章一共有如下數篇：〈也漫談台灣藝文壇〉、〈普希金小傳〉和〈紙荒〉。在這些文章裏，他一方面爲台灣本土的文學藝術成就辯護，一方面也針對時政的腐敗予以批評。在〈紙荒——文化破壞的前兆〉一文，他就警告紙張的缺乏與物價上漲，「對於學校教育和其他文化事業的影響，是不堪設想的。」

〈紙荒〉此一短文，寫於一九四七年二月。他說：「這一個月來，經濟界的變動可說是破天荒的。僅在一個月之間，金自一兩萬六漲至六萬，米一斤十八漲到三十五，木炭百斤一百五十漲到四百五十，其他物價大都漲二倍乃至五倍，這種狂漲，誰都料想不到的，致使一般民衆為著生活將要發狂了。」

文章雖短，反映出社會的動盪則相當鉅大。在這段紛亂的期間，蘇新已在醞釀起義抗暴的行動。《台灣文化》第二卷第二期，刊登了一篇署名「丘平田」撰寫的小說〈農村自衛隊〉，相信是出自蘇新之手。因為，蘇新在晚年曾經承認他用過「田平」的筆名（見李黎〈記蘇新〉）；而且，日後蘇新逃到香港主編《新台灣叢刊》時，也以「邱平田」的筆名寫過〈台灣人民的出路〉一文。

〈農村自衛隊〉描述一位知識青年回到南部鄉下探親時，驚異於農村的破產、病疫的傳染，和盜賊猖獗。蘇新借用小說中叔叔的語氣說：「……是的，現在台灣也太自由了，天花霍亂自由猖獗，流氓賊子自由搶劫，工廠自由倒閉，農村自由荒廢，奸商地主自由囤積，老百姓自由叫餓——光復後的台灣是何等自由啊！」

這位叔叔又說：「我們村裏人大家已經覺醒了，日前曾開過了一個家長會議，磋商要怎樣來保衛這個『平田村』，結果大家以為『文』的時代已經過了，現在是『武』的時代，強的贏，弱的輸，所以決定要組織一個『平田村自衛隊』，各里一班，各班設一個『武館』，每戶凡有十五歲以上至四十歲的男子都要加入；每夜在『武館』訓練武藝，這事已擬定正月十五，就要開始。」

此一小說可以說徹底揭露台灣人民在二二八事件前夕的不滿心情。蘇新寫這篇小說時，實有客觀的事實做爲基礎。他藉小說人物說「文的時代已經過去了」，指的應是一九二〇年代以來的議會改革運動；「現在是武的時代」，等於是暗示的民憤已日益高漲。

事實上，在蘇新的家鄉佳里，戰後就成立一個「忠義社」，這組織在某種意義上便是一種「農村自衛隊」。在吳新榮的《震瀛回憶錄》中，就有如此的記載：「……組織一個『忠義社』，以爲青年團的武衛組織，而由組織的力量使他們不再受敵人利用，且激動他們的正義感來捍衛國家。」（見該書，頁一六〇）

「忠義社」與蘇新小說中的「農村自衛隊」，顯然有若干的相涉之處。無論如何，做爲文人的蘇新，對當時的政治已徹底絕望了。他之走向武裝抗暴，實在是基於時代的要求。

二二八事件中的台共

一九四七年二二八事件的爆發，可以說是一種歷史的必然。台灣在五十年日本的殖民高壓統治下，從來沒有發生過全島性的武裝抗暴運動；自稱「祖國」的國民黨來到台灣後，居然在短短兩年中迅速點燃了一個全民暴動。這個事件，已被公認爲台灣歷史上的重要轉捩點。

在事變之前，台共即成立了幾個組織，包括台灣人民協會、農民協會、台灣學生聯盟，和台灣總工會籌備會。在這些組織裏，過去的台共成員，特別是謝雪紅的「舊中央派」，扮演了非常積極的角色。

以台灣人民協會為例，蘇新說：「這個團體的構成分子，大部分是日治時代抗日運動的鬥士，曾被日寇關了數年乃至十多年的革命戰士。日寇投降，蔣政權尚未入台的時候，這些革命戰士和各地的進步人士，開過多次會議，討論羣衆的組織方針，和建立『前衛黨』的問題。」

又如農民協會，「於一九四五年十月二十日在台中市成立，……會後另舉行抗日諸先烈的追悼會，參加者大都是昔日的抗日分子——『文協』和『農組』的舊幹部以及台共黨員」。

又如台灣總工會籌備會，「自從一九三一年台灣共產黨被破壞以後，直到一九四五年台灣收復。在這十多年的長時期內，日本帝國主義者都不准台灣有任何的工人組織。台灣的工人階級，也與其他的人民一樣，以為台灣『光復』了，工人已有了團結的自由，和要求改善生活的權利。於是從前的工會會員及進步的工人，於一九四五年十月二十日，集於台中，討論組織『台灣總工會籌備會』」。

上述三個組織，都是在台中成立，無疑的，這是以台中謝雪紅為中心。從這些粗略的描述，就可了解到台共在戰後仍密切互通聲息。不久，陳儀雖以「人民團體組織臨時辦法」解散這些組織，但他們在後來的二二八事件中又自動結合起來。

就當時的形勢來看，台共的組織都是自動自發的結合，與中共的牽連顯然非常薄弱。根據後來「內政部」在一九五五年出版的《台共叛亂史》一書，眞正把台共與中共聯繫起來的記載，只有如下數語：「在民國三十四年，中共由延安指派舊台共中央派蔡孝乾返台，開展工作，並由中共華南局調派幹部林英傑、洪幼樵、張志忠等三人來台協助，工作逐漸展開，先後建立了新竹、台北、台中、嘉義、台南、高雄等地區的支部。台共重要的幹部如簡吉、謝雪紅、陳福星、張伯顯、廖瑞發、林樑材等，均被網羅入選。中共華東局並派劉曉，常川駐滬，建有華東局對台工作聯絡站，專門負責聯繫的工作。」

這段國民黨的記載，其可靠性很值得懷疑，這是因爲國民黨企圖推諉罪過，把二二八事件的責任推給中共，因此刻意羅織台共與中共的關係。另一方面，中共爲了爭奪在二二八事件中的「領導地位」，因此對國民黨的指控也就順水推舟，照單全收。事實上，台共的一些重要成員之投靠中共，還是二二八事件以後的事。

如衆所知，二二八事件的爆發擴大，絕對不是單純起因於國民黨特務之取締菸販，而是由於台灣社會、經濟、政治、文化等各個層面，都受到高壓的箝制，終於迫使民憤全面爆發。

在這場全民起義的運動中，台共究竟占有何種位置呢？這可以由勁雨所編的《台灣事變眞相與內幕》（上海：建設書店，一九四七年四月）窺知一二。「勁雨」是國民黨台灣警備總司令部調查室——軍統的化名。該書說：「緝菸事件發生，奸黨認爲絕好機會，遂公開召集黨羽煽動民衆，襲擊政府機關，其組織分A、B、C三集團。A集團在台中，由謝雪紅領導；

B集團在嘉義台南，首要爲湯德章等；C集團在台北，由林日高、蘇新、王萬得、張道福等領導，並以民主聯盟、人民協會、學生聯盟等團體爲外圍，助長聲勢，煽動偏激青年學生，海外退役軍人，組織『台灣自治聯軍』，成立『台中市作戰本部』，『嘉義市作戰本部』等。」(見該書，頁一六)

粗略地說，台共的「舊中央派」如：謝雪紅、楊克煌集結於台中，而「新中央派」如王萬得、蘇新、潘欽信等人則集合於台北。正如後人所知，謝雪紅領導的「二七部隊」，王萬得組織的「台灣政治建設協會」與「自治青年同盟」，都在事件中扮演積極的角色。

蘇新在二二八事件中扮演了怎樣的角色，現在已難以辨識；不過，從他參加的組織所發表的文件，多少可以反映他在事件中採取的一般態度。以陳儀爲首的「台灣省行政長官公署新聞室」，在一九四七年四月印發一本《台灣暴動事件紀實》，其中就收錄了「台灣政治建設協會」與「台灣自治青年同盟」在事件中所公布的數份文件。

無可否認的，台共在二二八事件中追求的目標是自治。在台北如此，在台中的謝雪紅亦復如此，謝雪紅領導羣衆運動時就說：「我們六百五十萬省民，爲了爭取台灣眞正的自治，掃清貪污，改革政治，現在全省人民已決意武裝起來，向這個獨裁政府宣戰，我們爲了這個正義的目標，願起來徹底的鬥爭，希望大家努力奮鬥。」

到了一九四七年三月底，台灣人民起義已完全遭到國民黨的武裝鎮壓。

進行大規模的逮捕之後，便是鎮壓言論，當時的報紙如《大明晚報》、《重建日報》、《和平日報》、《自由日報》等等，都被查封，蘇新主編的《台灣文化》，也遭到停刊的命運，到了同年七月才又復刊，但其內容性質已有顯著的改變。

一九四七年六月五日，「台灣警備總司令部」向台北高等法院檢察處控訴三十名「內亂罪」嫌疑犯，其中包括已經在三月中被虐殺的七名，其姓名如下：

王添燈、黃朝生、李仁貴、廖進平、陳屋、徐春卿、林連宗（以上七名通緝前已被殺）；蔣渭川、張晴川、白成枝、呂伯雄、鄧進益、潘渠源、王明貴、駱水源、陳瑞安、張忠誠、張武曲、顏欽賢（以上十二名後來主動去自首）；謝雪紅、林樑材、王萬得、潘欽信、蘇新（以上五名離開台灣到中國或海外）；廖文奎、廖文毅（一去上海，一去香港，從事台灣獨立運動）；林日高、郭國基（此兩人被捕，後判無罪）。

從上面的名單來看，台共的重要幹部大多逃往中國，蘇新也是其中之一，這是他一生命運的重要轉折。

在蘇新離開台灣之後，投入中共的行列之前，變成了台灣民主自治同盟的一個活躍的幹部。這是他一生中，最後一次表現他革命的性格；之後，他那顆蓬勃活躍的靈魂便從此趨於黯淡。因此，對於台灣民主自治同盟時期的蘇新，實有必要予以密切的考察。

「台灣民主自治同盟」的成立

二二八事件結束後的形勢，對台灣人來說，是一空前的悶局。許多知識分子都提出同樣一個問題：台灣往何處去？

當時知識分子徬徨的心情是可以理解的。過去日本帝國主義者統治台灣的時候，台灣人可以很清楚地辨認敵人是誰，統治者與被統治者之間，界限劃得極爲分明。戰後，號稱「祖國」的國民黨來了，由於「同文同種」的緣故，突然使統治者與被統治者的界線模糊了。二二八事件的爆發，使知識分子陷入更深一層的痛苦：爲什麼「祖國」會比殖民者還更嗜血？

在事件後逃離台灣的知識分子，有許多人獻身於追尋台灣前途的答案。大致而言，一九四七年後流落海外的台灣政治運動者分爲左、右派。就有限的史料來判斷，左、右兩派的台灣知識分子，最初逃到香港時仍然合作的。根據廖文毅的日文著作《台灣民本主義》，以及柯喬治的英文專書《被出賣的台灣》，右派的廖文毅與左派的謝雪紅，在當時聯合成立了「台灣再解放聯盟」，後因雙方對台灣前途的看法有了極大的分歧，旋告分裂。左翼分子投奔北京，而右翼分子則遠赴東京。

基本上，廖文毅所代表的右翼分子，希望能夠透過聯合國的託管，最後的目標以達成台灣獨立。謝雪紅所代表的左翼分子，則堅持應該由中國共產黨來協助解放，以達成台灣自治。在手段上與最終目標上，左、右兩派的看法可以說水火不容，他們的分裂實是必然的。無論如何，當時台灣人民經過二二八事件的血洗之後，力量大爲頓挫，以致對自己的前途失去自信心。因此，右翼分子期望獲得聯合國的支援，左翼分子則等待中共的幫助。

在這段期間，蘇新似乎沒有參加「台灣再解放聯盟」，而直接加入「台灣民主自治同盟」的行列，並且成爲其中積極活躍的一員。

蘇新停留在香港的兩年中，留下了不少的著作，其中最値得注意的是，他主編了《新台灣叢刊》第一至第六輯，以及寫成一冊《憤怒的台灣》。這些留存的資料，最能反映蘇新在進入中國之前的思想狀態。

無疑的，在這個階段中的蘇新，已全心認同了中共，並主張台灣應該自治。這位在日據時代曾經極力擁護台灣獨立的社會主義者，突然在這個時期轉變爲台灣自治的鼓吹者，似乎可以從下面兩個時代因素來理解：

第一，他對當時的台灣獨立派徹底感到失望。在蘇新眼中，主張以託管爲手段、以獨立爲目標的右翼領袖廖文毅，對美國政府存有太多的幻想。蘇新抨擊廖文毅，並非因爲廖出身於地主資產階級，而是廖過於依賴美國。蘇新最不能容忍的是，美國政府一方面資助國民黨，一方面又聲援台灣獨立派，這是典型的帝國主義者行爲。美國既然支持國民黨來壓迫台灣人，蘇新根本不相信它又會支持獨立運動者。他對廖文毅等人的不信賴，以至徹底失望，乃是根源於此。

第二，二二八事件發生後，中共在一九四七年三月八日向台灣廣播，支持台灣人民的「自治運動」。

對於台灣命運的看法，中共所採取的態度與蘇新的立場可說是一致的。不過，中共是不是對台灣的自治運動具有誠意，或者說，對台灣還另具一種野心，蘇新並未能辨認清楚。事實上，以歷史的眼光來看，台灣人民的反抗運動，大大有利於中共的擴張，蘇新指出，二二八事件爆發後，「當時蔣軍在山東急需用兵，蘇北也缺少兵力，抽調兩個師到台，對蘇北戰爭的影響很大。另一方面，對蔣區尤其是上海的羣衆運動，亦有很大的幫助」（《憤怒的台灣》，頁一四四）。

從客觀事實來看，並不是中共聲援了台灣人民；相反的，乃是台灣人民具體地幫助了中共勢力的發展。但無論如何，身爲社會主義者的蘇新，就站在反抗的基礎上，認同了中共。因此，他說：「台灣的解放鬥爭已經與國內的解放戰爭打成了一片，不能分開了。」（同上）

基於上面的兩個因素，蘇新乃無可避免地把台灣鬥爭運動與中國人民的解放運動等同了起來。然而，蘇新在指控廖文毅投靠美國時，並沒有檢討自己過分依賴了中共。蘇新身處時代的激流之中，恐怕也無法超脫時局來觀照自己。

那麼，蘇新所參加的台盟是什麼性質呢？台盟的綱領草案第一條是：「設立民主聯合政府，建設獨立、和平、民主、富強康樂之新中國。」，第四條又說：「實行台省徹底的地方自治、省長、縣長、市長、區長、鎮長、鄉長一律由人民直接選舉。」另外，台盟組織規程草案第二條說：「本同盟以實現台灣省之民主政治及地方自治爲宗旨。」從以上的綱領與組織規程來看，這個組織所擁護的政治運動，完全是納入中國人民解放運動的脈絡之內。

進入中國大陸以後的蘇新

蘇新到達北京的確切時間已不得而知，但他不再是革命家，則可以確定。他是以「台灣民主自治同盟」的成員投奔北京的，然而台盟在中國大陸卻從未召開過大會，其所受委屈可想而知。台盟唯一的樣板人物謝雪紅，在一九四九年十月代表台盟，參加中共的第一屆政治協商會議，這是台盟僅有的政治作用了。

對於蘇新在中國大陸的事蹟，許多人都不清楚。只知道他供職於中國中央廣播電台，專司對台灣宣讀廣播稿。一位獻身於戰鬥的台灣革命家，認同了中共之後，便不再革命了，而成爲照本宣科的廣播員了。

台盟到了一九五七年便陷於內部的鬥爭與分裂。中共派出一名福建安溪人李純青篡奪台盟的權力，同時將該盟總部從上海遷往北京。中共是在鳴放運動受挫後，突然發動反右傾的鬥爭運動，於是台盟成了衆矢之的。

中共的御用打手李純青，對謝雪紅、楊克煌、江文也展開猛烈的鬥爭。在這場瘋狂的鬥爭中，蘇新遭到怎樣的待遇，無人知曉。

台籍小說家陳若曦，就以蘇新的事蹟寫成一篇〈老人〉。對於這場鬥爭，陳若曦只做了如下的側面描述：「大鳴大放對誠實的幹部來說，是一場大騙局。本著對黨知無不言的原則，他（蘇新）對幹部執行的偏差提出了懇切的意見，批評了對台統戰政策的錯誤措施。沒想到忠言逆耳，毛澤東忽地拉下臉來，右派帽子漫天拋撒出去。他是屬於『帽子拿在手裏』的一羣，幾次做了違心的檢討，才僥倖沒有被戴上。」（收入《老人》，頁三九）

如果這段描述屬實，那麼蘇新顯然躲過這場風暴。但是，他的實際情況，外人也未能得知。

到了文革時期，他被指控爲「苟且偷生」、「變節投敵」、「出賣同志」。陳若曦的小說有極其眞切的描述：「在『清理階級隊伍』和『整黨』階級，老人（蘇新）一次也沒過關。他的地主家庭出身，早年在日本留學的經驗，被捕下獄的表現，『二二八事件』中的作爲，『百花齊放，百家爭鳴』時代的言論……全部都拿來重新審查。其中，獄中表現一節成了他的致命傷。原來他在東京參加地下工作時，獲知日本政府要逮捕他，就潛回老家，先後在山裏躲藏了兩年，終因有人告發而被捕下獄。據他當時了解，自己是同一組織中最後一個落網，因而在不堪拷打之下，他就供出一些無關緊要的情報來搪塞台灣總督府。就爲了這個個人歷史上的汚點，老人在文化革命中弄得身敗名裂，至今翻不了身。」（見《老人》，頁二六—二七）

陳若曦寫的這段事蹟，指的是一九三一年的台共大檢舉，按諸史實，極爲契合。之後，蘇新就被下放勞改，據傳是在河南一帶。到了一九七四年，他的老友陳逸松也投奔中國，陳逸松向周恩來說情，蘇新才在一九七八年獲得「平反」。

被出賣的台灣老人

平反後的蘇新，擔任的職務是台盟總部常務理事；而他的老友陳逸松，一到達北京就擔任「全國人大常委、人大常委會法制委員會委員」。抑揚之間，就可反映中共的反覆無常，以及命運的作弄。一九二九年蘇新離開東京時，躲過牢獄之災；陳逸松卻遭日警監禁。一九七四年，陳逸松在北京榮任高職，蘇新卻已吃盡了二十餘年的苦頭。蘇新會見老友，恐怕有無限感慨。

從一九七八年後，蘇新的名字斷斷續續在某些場合中偶現，但都是陪襯的性質。但也就在這段期間，蘇新開始強烈思鄉。

蘇新到中國大陸後，又娶妻生子。不過，他內心所懷念的卻是南國的台灣。一九七九年十二月高雄事件時，蘇新也偶有風聞，那麼他也一定得知他的女兒蘇慶黎的消息。

蘇慶黎參加高雄人權遊行的消息，蘇新也從海外獲得消息。一九八〇年一月，蘇新也參加台盟總部舉辦的新年茶話會，據說他在會中發表談話，譴責國民黨在高雄事件中的鎮壓行動。

蘇新一直到去世之前，仍然不斷批評國民黨。他在一九八一年九月號的《中國建設》，還發表一篇〈台灣實行過三民主義嗎？〉這篇文章，可以反映出他在一息尚存之際，仍念念不忘台灣。

在這篇文章裏，蘇新首先說：「今年（按：指一九八一年）四月間，台灣國民黨第十二次全國代表大會曾通過一項所謂『貫徹三民主義統一中國案』，他們自詡爲孫中山先生的忠實信徒，標榜『台灣是三民主義的模範省』，要中國共產黨『放棄共產主義』。」

他接著又說：「大家知道，孫中山先生的三民主義，包括民族主義、民權主義、民生主義。孫中山先生在一九二四年一月提出了聯俄、聯共、扶助農工的三大政策，對三民主義作了新的解釋，這就是通常所說的新三民主義。新三民主義和新民主主義有許多共性，國共合作的理論基礎就在這裏。我們談三民主義，所依據者是新三民主義。讓我們從孫中山先生的新解釋來看一下台灣國民黨當局的政策和制度，特別是他們的實際行動，是不是眞符合三民主義呢?」

蘇新認爲,到一九八〇年爲止,在台灣投資設廠的外來資金有二十七億多美元,其中外國資本就有十七億五千多萬美元。在借外債的過程中「喪失了自主權」,而且經營「觀光事業」,連民族尊嚴都不要了,這等於是違背民族主義。其次就民權主義而言,「現在台灣處於戒嚴狀態之下,而這個戒嚴已經實行了三十多年了。古今中外,從沒有聽說過有實行戒嚴令時間如此之長的政權」。選舉與言論都受到控制。至於民生主義,他說,在台灣「富者越來越富,窮者越來越窮」,和孫中山先生「均富」的主張更是風馬牛不相及。

無疑的,蘇新對國民黨所宣傳的「三民主義」完全不相信。然而,當年身爲台共之一的蘇新,竟然退回到討論三民主義的地步,已足夠說明他晚年所受的壓抑。

在抗日運動中,他的社會主義立場,原就與台灣民衆黨蔣渭水的三民主義立場,扞格不入。如果蘇新仍保有革命家的性格,他一定是從社會主義的觀點來抨擊,而不是以考據學家的態度,與國民黨討論三民主義。無疑的,這篇文章是奉中共官方的命令撰寫的。

很不幸的是,蘇新在九月初發表這篇〈台灣實行過三民主義嗎?〉,到了九月三十日,中共領導人之一的葉劍英,卻已主動向國民黨提出九點妥協的建議,希望國共能夠「分享政權」。

蘇新後半生與國民黨的堅決對抗,就這樣輕易被中共出賣了。蘇新在文革期間,被控「出賣同志」、「背叛祖國」,他都無言的忍受下來。如今,卻是整個黨背叛他、出賣他,蘇新的痛苦心情，恐非外人所能體會。

一九八一年十一月十三日，蘇新在北京去世，整整七十四歲，不多也不少（他出生於一九〇七年十一月十四日）。出賣他的中共領導人在悼辭中赫然這樣寫著：蘇新「堅決擁護中國共產黨的對台方針政策」。

永遠的望鄉人

回顧蘇新的一生，他受盡人間的各種折磨。日本殖民者監禁他，國民黨通緝他，中國共產黨下放他。凡是他所經歷過的統治者，無不給與他種種的迫害和凌辱。蘇新的遭遇，並不只是代表他個人命運的坎坷，而且也是近代整個台灣人民受傷的縮影。與蘇新同一時代的台灣人，都毫不例外地分嘗了歷史的苦悶和惆悵。

遠隔重洋，外人實難以體會蘇新在去世前是懷抱怎樣的心情？然而，當他留下「要把骨灰葬在故鄉」的遺言時，那種強烈懷鄉的情緒，不能不令人感到悲愴。當年出身於台南佳里的男兒，離鄉時立下了改造社會的壯志；年老時，只剩下小小的返鄉願望，卻不得實現。命運的嘲弄，莫過於此。

檢視蘇新的生命歷程，恐怕只有一九四六年是他生平最快樂的一年。因爲在這一年，他的女兒蘇慶黎誕生（蘇新寫的〈農村自衛隊〉中，曾經提到「慶兒」），也就在這一年，他與數位抗日運動中的好友組成「台灣文化協進會」。無疑的，一九四六年是他最爲放懷的年代。

然而，一九四六年畢竟是短暫的，在他漫漫受苦的七十四年生命中，這一年不過是曇花一現而已。其餘的日子，便充滿了監禁、逃亡、被誣，以至被出賣的殘酷事實。

蘇新之望鄉，已成永遠。他所走過的路線，是正確，是錯誤，歷史將有所論斷。無論如何，台灣的子弟想必有寬宏的心情，來接納這位望鄉人吧。

第六章
《台灣大眾時報》與《新台灣大眾時報》

追索台灣左翼史料

台灣抗日運動中的左翼路線，萌芽於一九二〇年代初期，崛起於一九二七年台灣文化協會分裂之後，潰敗於一九三一年日本政府開始對外侵略之際。在短短十年裏，左翼運動既反映了台灣社會內部的階級對立，也回應了帝國主義與殖民地之間的矛盾衝突。這條急遽起伏的左翼路線，與整個台灣近代民族民主運動的發展相始終，構成了台灣知識分子的精神抵抗中無可或缺的一環。

在整個抗日左翼的成長過程中，有幾個重要事件是不能不注意的。第一，一九二七年台灣文化協會的左右分裂，顯示了反殖民運動已注入階級運動的色彩；第二，一九二八年台灣共產黨的成立，正式把左翼運動帶進組織化的階段，台灣革命與台灣獨立的主張也至此浮現；第三，一九二九年台灣文化協會與台灣農民組合的領導中心，次第落入台共的掌握之中，左翼運動終於達到高峯時期；第四，一九三○年台共內部出現「改革同盟」，預告了左翼運動的內鬨與分裂；第五，一九三一年日本政府開始對外展開侵略，對於殖民地台灣的政治運動進行徹底的鎮壓，台共成員一一遭到逮捕，左翼運動最後被迫宣告淪亡。

從上述事件的先後時間來看，可以發現台灣左翼運動完全集中在最後五年之中。特別是台共成立以後，左翼運動可謂暴起暴落。因此，要研究台灣抗日左翼，是不可能忽略這段時期的。凡是研究台共史者，大多借重於台灣總督府所編的《日本領台以後之治安狀況》（又稱《台灣總督府警察沿革誌》），其中第三章〈共產主義運動〉的左翼史料，收輯得相當完整。另一冊常常受到引用的史料，是山邊健太郎編輯的《台灣》上、下冊，收入「現代史資料」叢刊裏。熟讀這兩冊史料，幾乎就可掌握左翼運動的來龍去脈。不過，有關左翼陣營內部的意識形態與權力分配之爭，並非僅僅依賴這兩種資料集就可獲知眞相。

台灣左翼運動的發展，涉及馬克思主義的傳播、左翼團體的醞釀、台共的建立與分裂等等，背景極其複雜。要了解這些枝節的、但具關鍵性的史實，非尋出第一手資料去探究不可。日據時代的左翼運動者，由於受到國際主義思潮的影響，行動的範圍並不局限於島上。它跨越了台灣、日本、中國，甚至蘇聯等地，當然這些地區出版的報刊雜誌，或多或少總會出現有關台灣左翼運動者的報導。以蘇聯爲例，莫斯科乃是第三國際活動的指揮中心；做爲第三國際成員之一的台共，與蘇聯的聯繫可以說關係極其密切。因此，第三國際的會議文件偶有討論台灣與殖民地問題之處。要深入研究台共的革命戰略，就不能忽視第三國際的相關史料。

同樣的，在第三國際所規定「一國一黨」的戰略原則下，台共的成立乃是隸屬於日本共產黨的指揮系統，因爲台灣是日本的殖民地。依據這樣的系統，日共領袖與台共成員存在著相當頻繁的往來關係。所以，在日共組織的紀錄文件裏，可以發現許多牽涉到台共活動的文字記載，還有更多日共領導人所寫下的回憶錄，也不時提到台灣問題及其關聯的左翼活動。這方面的史料，還有待研究者進行更爲細膩的挖掘。

至於中國方面的台共紀錄，仍不在少數。這不僅是因爲有不少台灣左翼運動者遠赴上海留學，第三國際與中共的地下活動也在上海租界地進行。台灣留學生往往在上海地區出入，一方面吸收馬克思主義思想，一方面與左派團體接觸，這些活動的消息都曾經出現在當地的雜誌上。不僅如此，中共在日後直接介入台共的領導權之爭，從而造成台共的分裂覆亡。有關這方面的史實，雖然中共官方極力掩飾，但是從中共的歷史文件，還是能夠窺見眞相。

左翼運動者在台灣出版的刊物中，有許多都遭到查禁湮滅。例如《台灣戰線》、《伍人報》、《洪水》、《第一線》等，到現在還沒有被發現。如果能獲讀這些刊物的文字，則關於台灣左翼意識形態的形成，各個組織之間的互動關係等等，就可索得一些蛛絲馬跡。目前已經發現的左翼史料中，最爲重要的，恐怕就是《台灣大衆時報》與《新台灣大衆時報》。這兩份刊物，發行於左翼運動崛起之後與台共崩潰瓦解之前，其重要性由此可以想見。從刊物中的文章與報導，可以清楚了解左翼運動者的政治立場與思想狀態，同時也能夠掌握台灣抗日陣營裏左右兩翼起伏消長的緊張關係。

左翼聯線的機關刊物

台灣文化協會在一九二七年發生左右分裂，左翼領導者如蔣渭水、蔡培火退出組織，另組合法的台灣民衆黨。左翼運動者正式取得文化協會的領導權，這是社會主義思想在島上傳播以來獲得的第一個有組織的政治團體。《台灣大衆時報》便是文化協會左傾以後出版的機關刊物，對於左翼政治理念的宣揚與提升而言，頗具推波助瀾之功。

《警察沿革誌》提到這份刊物發行的原因。台灣文化協會原有一份喉舌報紙《台灣民報》，但右翼運動者退出後，也把他們所經營的機關報收回，遂迫使左傾的文協不能不另外發行新的宣傳刊物。《台灣大衆時報》的主編蘇新，在後來的回憶錄也說：「一九二七年春天台灣文化協會的左右派鬥爭表面化，右派退出了文協。但右派分子占領了從前文協的機關報《台灣民報》。因此，左派雖然爭取了文協，卻失去了宣傳工具，所以不得不另創機關報。但當時台灣總督府不許可他們發行，於是他們就計畫在東京發行，再從東京輸入台灣。他們請我當該報主編人，在東京負責。在這個時候，我才正式加入文協。從此以後，我就退出學校，專門搞『社會科學研究會』和《台灣大衆時報》的工作。」（參閱蘇新《未歸的台共鬥魂——蘇新自傳與文集》，頁四二）。

這份刊物結合了所有知名的左派運動者，其中的領導人是王敏川，社長掛名林碧梧。一九二八年（昭和三年）三月二十五日，共有二十三位認股的支持者，在台中市料亭醉月樓聚會，成立「株式會社台灣大衆時報社」，總資金額日圓兩萬。最值得注意的，是《台灣大衆時報》的編輯陣容：

編輯部主任：王敏川
記　　者：蔡孝乾、李曉芳、莊泗川
特約記者：翁水藻（駐上海）、蘇新（駐東京）、楊貴、賴和
營業部主任：連溫卿

從這份名單可以發現，這是左翼陣營的一次聯合戰線。其中的靈魂人物王敏川，雖然不是社會主義的意識形態堅持者，但他對於社會弱小者相當同情，同時對於台灣文化的提倡也非常熱心。由這樣的中間人物來主持聯合陣線，可以說是恰如其分。蔡孝乾、李曉芳、莊泗

川、翁水藻則屬於上海大學的同學，亦即一般所稱的「上大派」。由於上海大學是中共創辦的學校，因此，上大派往往被視為與中共路線較為接近的團體。蘇新留學東京，與日共往來較為密切。他在東京的台灣青年會主持「東京台灣社會科學研究會」，是留日學生中的左翼領導者。後來，他又組織了一個「馬克思主義小組」，這是台共東京支部的雛型。連溫卿則是中間偏左的社會主義者，與日共領導者山川均有聯繫關係。新文協的領導權在一九二九年被台共奪得後，連溫卿遭到排擠。賴和與楊貴，是台灣新文學運動的傑出左翼作家。楊貴在新文協裏與連溫卿合作，因而也同樣受到驅逐。楊貴脫離政治運動後，才開始涉入新文學運動；他的啓蒙導師正是賴和。賴和是公認的台灣新文學之父，也是台灣左翼文學的開創者。他在政治方面不具任何派系色彩，普受不同路線人士的尊敬。

《台灣大衆時報》代表台灣左翼的一段黃金時期，如果發行順利的話，對於左翼思想的傳播，當有推波助瀾之功。〈大衆時報設立趣意書〉說得很明白，為了推動大衆文化，就必須要努力去宣傳。王敏川在《台灣大衆時報》的〈創刊辭〉也指出：「我們大衆時報，還有一個重要的使命，就是要到民衆中去做工作，於宣傳主義之外，需要對那未組織的大衆，要極力使其團結起來，並且要有訓練，要有教育，使成了極大的力量，才得除掉一切的缺陷。故我的大衆時報不僅要做政治的指導者，而且要做大衆的組織者，是要擁護全台灣民衆的利益。」（《台灣大衆時報》創刊號）這段文字呈現了左翼運動的企圖，《台灣大衆時報》成為聯合戰線的一個集結點。

一九二八年五月七日創刊號發行時，左翼陣營的主要團體與次團體都在這份刊物上發表賀辭，包括：台灣農民組合本部、台灣機械工會聯合會、東京台灣社會科學研究會、台灣無產青年會以及日本的舊勞動農民黨本部等。另外，還有無數的小團體如彰化總工會、豐原青年讀書會、台中青年讀書會、彰化新劇社等。這些大小不等的組織，同時在《台灣大衆時報》上發表他們支持的言論，就足夠反映這份刊物確實是在走聯合陣線的方向。

《台灣大衆時報》的封底，印有「編輯發行兼印刷人　蘇新」的字樣。這點可以看出蘇新在左翼陣容中的分量，他在「創刊號」的編後記說：「在創刊號裏，能夠得著多數的各戰鬥團體的表支持和表希望的文字。這確實是保證了他的前途的勇壯吧！同時我們可由這些光耀著的文字，看出現階段的台灣被壓迫（大）衆對於解放運動的見解、主張、理論、希望等等。」蘇新的編輯態度，由此可見。他讓各個不同的左派團體發出聲音，透過這樣的溝通而達到聯合的目的。

這份雜誌因爲受台灣總督府的禁止，其印刷編輯都設在東京，然後再輸入島內。設在台灣的總支局，是在台北太平町，另外，台中市寶町、台南市本町都設有支局。《台灣大衆時報》前後發行了十期，從一九二八年五月八日到一九二八年七月九日，僅僅存在兩個月的時間。在如此短暫的發行裏，《台灣大衆時報》的重要性究竟是在什麼地方？這個問題是值得進一步考察的。

《台灣大衆時報》的重要性

在發行的前三期，內容都是以論述爲主，頗能反映當時左翼知識分子的思考方式與政治主張。後七期則是以報導爲主，集中在台灣、中國、日本等地左翼運動者的活動。論述相對地減少。

從作者的陣容以及發表的文章，可以看出左翼陣營裏的活躍者與他們所關心的主題。這些撰稿者，包括楊貴、蔡孝乾、莊泗川、洪石柱、黃石輝、賴和、簡吉等。其中撰文最多者，應推連溫卿與黃石輝。這個事實證明，在一九二七年文協分裂後，左翼思想的指導者應屬連溫卿無疑。在與右翼領導者的鬥爭上，連溫卿扮演了相當積極的角色。他聯合上大派的成員，迫使蔣渭水、蔡培火等人退出文化協會。新文協的領導權自然就落在他手上。《台灣大衆時報》既然是新文協的機關刊物，連溫卿必須擔負起更多的撰稿責任。

在這份刊物上，連溫卿發表了兩篇重要論文，一是〈台灣社會運動概觀㈠㈡㈢〉，分別刊登於創刊號、第三、五號；另一是〈台灣殖民政策的演進㈠㈡㈢〉，載於第六、七、八號。前者在闡明文化協會分裂的政治背景與意識形態的分歧；後者在於剖析日本殖民統治對台灣社會掠奪的過程。兩篇論文合觀，當可了解左翼運動的思考方式與發展程度。

〈台灣社會運動概觀〉一文，是一份不容忽視的史料。要認識文化協會分裂的原因，就不能不讀此文。首先，論文指出一九二七年的《台灣民報》發生過一場論戰，左翼、右翼的領導者藉中國改造問題的討論，進一步辯論台灣是否有資本主義。如果查閱《台灣民報》，當可發現這場論戰已隱伏了文協分裂的危機。左翼的許乃昌、蔡孝乾，與右翼的陳逢源，各自代表了兩種觀點與立場。右翼認爲，台灣的資本主義尚未萌芽，所以應該先扶助資本家發達起來，使其壯大到足以與日本資本家對抗的地步。要達到這樣的目的，就必須以民族運動去進行。他們主張設置台灣議會，使資本家有發言權，進而獲得政治上的獨立。這種見解，正是日後台灣民衆黨遵循的政治路線。

左翼的觀點，卻恰恰相反。資本主義事實上在台灣已奠下基礎，只是，資本家受到控制而未獲獨立而已。在殖民地社會，受到壓迫的當不止於資本家與地主，大多數的勞動者與農民也遭逢嚴重的剝削。要獲得全體台灣人的解放，左翼堅持必須進行階級鬥爭。如果僅是走議會路線，只不過是在協助統治者所標榜的「內地延長主義」而已。

連溫卿指出，右翼成員自文協總退出後，使得左翼的少數者運動變成大衆的運動。他認爲，一九二五年台灣農民組合的建立，一九二七年勞工運動的普遍發生，都足以顯示台灣社會對資本主義的反抗。換言之，左翼運動可以說已到了成熟的階段。文協的分裂，乃屬必然。

在這篇文章最後，連溫卿強調，無產階級運動要建立起共同戰線，對外向日本殖民統治者反抗，對內則進行團結整編。

在〈台灣殖民政策的演進〉一文，連溫卿進一步分析日本總督府的統治本質。他指出殖民體制的一個事實，那就是日本總督府在一九〇三年，亦即接收台灣後的第八年，就已經能夠達到財政獨立的目的，根本無需東京的資助。這個事實說明了殖民統治對台灣的徹底剝削。從糖業王國的建立，到土地的收奪；從產業數字的升高，到殖民經濟的確立，都足夠說明資本主義在台灣日益發達的情況。連溫卿大量引述官方的數字，用以支持他的論點。他的分析方式，可以說遠超過當時右翼運動者的視野，頗能代表左派的觀點。

由於《台灣大衆時報》乃是做爲共同戰線的刊物而發行，所以對各個次級組織團體，無不大量報導其活動消息。對於二〇年代後期的左翼活動情況，從這份刊物就可窺見梗概。結合所有力量的最高目標，無疑是要強化反抗統治者的力量。不過，另外還有一個目標，便是建立一個政黨。這個左翼政黨，當然是共產黨。在高壓統治下，敢於提出這種理念，誠然是出自於非凡的識見。

台灣共產黨成立於一九二八年四月十五日的上海，同年五月十八日在東京出版的《台灣大衆時報》，就以兩篇文章予以呼應。一篇題爲〈進出政治鬥爭〉的社論，抨擊台灣民衆黨的政治路線；一篇題爲〈當前的情勢和新政黨組織的必要〉，暗示台灣抗日運動需要一個左翼政黨來領導。這兩篇文章具體代表台共建黨之際的態度與見解，是極其重要的史料文字。

社論〈進出政治鬥爭〉的題目，是一種日語表達的方式。「進出」，有向前邁進與向上提升的意思，在此用來鼓舞擴大政治鬥爭。對左翼運動者而言，台灣民衆黨的誕生似乎有礙左派的發展。蔣渭水、蔡培火脫離舊文協以後，正式成立了合法政黨，一方面可以號召右派人士的團結，一方面也進行工友聯盟的組織工作。從全民抗日的觀點來看，民衆黨的領導自然發揮了一定的作用。但是，從左翼人士的立場來看，民衆黨等於培植了右派力量，而且還分散了工人運動的力量。只要民衆黨存在一天，台灣的資產階級就有發言的據點；而資產階級路線，只代表少數人的利益，只提倡體制內的合法改革運動。這樣繼續發展下去，對左翼運動可以說相當不利。所以，《台灣大衆時報》的這篇社論特別強調：「我們的政治運動須以大多數的農工大衆的利益爲對象。若民衆黨那樣以少數人的利益爲運動的對象，即由歷史的發展條件，必然的陷於投降支配階級的命運。例如反動了中國國民政府，已公然投降於帝國主義列強，是給我們的最大的教訓。」

《台灣大衆時報》的觀點，淸楚爲民衆黨定位，認爲它是以少數人的利益爲對象，又有基於歷史條件的理由，它將會向帝國主義者投降。這篇社論以蔣介石的國民政府背叛革命爲例，一九二七年中國內部的國共分裂後，已證明中國資產階級的國民黨已投向列強的陣營。從國民黨的經驗，《台灣大衆時報》幾乎可以預見民衆黨將重蹈歷史覆轍。所以，社論再次提出政治主張：「我們的政治運動須得到戰鬥的農工大衆的參加和支持才能夠得到全面的進展。由大衆的鬥爭才能夠保證我們解放運動的成功。那以少數人的利益為對象的運動便必然的陷於妥協和懦弱，終至投降於敵人。」了解了這樣的基本立場，才能了解左翼人士抨擊民衆黨的原因，也才能了解左翼運動者迫切要建黨的原因。

〈當前的情勢和新政黨組織的必要〉一文，便是評估了當時政治環境的變化，以及基於客觀要求而提出建立新黨的期望。文中所說的政黨，無疑是指台灣共產黨而言。就一九二八年的客觀社會條件來說，這篇評論認為有助於建黨的形勢已經出現。全島性的抗爭事件不斷湧現，包括土地爭議、竹林爭議、小作爭議、蔗農爭議等等農民運動，以及各地層出不窮的罷工事件，都足以顯示日本殖民統治與台灣社會願望的差距越拉越大。在抗爭事件頻頻發生之際，左翼組織也積極在進行著。這些事實反映在全島性農民組合與工會組織的建立，也反映在集會、出版、思想鬥爭等等的行動之上。

正因為認識到客觀條件已經成熟，這篇評論揭示了建黨的重要性：「我們的行動始終非有統制的、有紀律的、有秩序的行動不可。我們的政治行動需要有個政黨來領導。在政黨的綱領、政策、主張等的規定來指導各被壓迫大衆的政治行動到正當的方面去。沒有鞏固的政黨來指導大衆的行動，那不過是散漫的、冒險的、盲目的政治行動罷了。有了政黨才能夠徹底的指導大衆、糾合大衆到整個的全面的政治鬥爭！」從文字中表達的語氣來看，雖然沒有具體提到台灣共產黨，但是以史實印證的話，當可知道這篇評論事實上等於在宣告台共的誕生。《台灣大衆時報》的記者蔡孝乾、翁水藻（即翁澤生），分別爲台共的中常委與駐上海聯絡中共的成員，而總編輯蘇新，則在東京祕密加入台共支部的組織。因此，這份刊物在很大程度上可以說是台共的喉舌。

以這份刊物爲中心，台灣左翼運動的發展軌跡很清楚呈現出來。它藉著對右翼運動的批判，尤其是對台灣民衆黨的攻擊，來突出左翼政治的路線，同時，它也藉著報導左派活動的消息，以達到聲息相通、力量結合的目的。凡有關農民抗議與工人罷工的事件，《台灣大衆時報》都予以大量披露。因此，這些消息都成爲豐富的史料。要掌握一九二八年社會運動的脈動，顯然可以從這份刊物獲得途徑。發行整整十期的《台灣大衆時報》，突破日本殖民統治的思想監禁，觸探重重封鎖的言論禁區，對各項抗日行動予以聲援支持。在台灣總督府的官方紀錄裏，並不可能看到如此完整的鬥爭紀錄。僅僅存在兩月餘的《台灣大衆時報》，最後遭到查禁與停刊的命運。然而，它爲台灣史研究所留下的紀錄，絕對不是任何史料能夠取代的。台灣社會主義者的心情、思想、理論、行動，以及他們之間的聯繫技巧與合作方式，都清楚記載於《台灣大衆時報》之中。它是台灣左翼運動進入興盛期前夜的最重要雜誌。

《新台灣大衆時報》的歷史意義

如果《台灣大衆時報》是舊文協分裂、新文協誕生之後的重要刊物，那麼，《新台灣大衆時報》則是新文協再度分裂後的主要機關雜誌。具體言之，《台灣大衆時報》代表的是台灣文化協會第一次左傾後的聲音，而《新台灣大衆時報》則代表了台灣文化協會第二次走向極左路線後的言論。文協在一九二七年第一次分裂時，係由王敏川、連溫卿聯手將蔡培火、蔣渭水等人驅逐於領導階層之外。然而，文協在一九二九年第二次分裂時，連溫卿竟然也遭到極左人士的驅逐。因此《新台灣大衆時報》的誕生顯示一個事實，台灣左翼運動中的激進派至此開始抬頭。

蘇新在晚年寫了一篇〈連溫卿與台灣文化協會〉，曾經分析舊文協中的三個集團，亦即「一，以蔡培火爲中心的所謂改良主義派，受日本國內民主運動的影響；二，以蔣渭水爲中心的所謂『民族主義派』，受中國國民黨的民族革命運動的影響；三，以王敏川、連溫卿爲中心的所謂『社會主義派』，主要受日本、中國無產階級社會主義革命運動的影響」（見《未歸的台共鬥魂》，頁一〇二）。蘇新在這篇文字裏，深刻檢討連溫卿被逐事件的得失。他認爲，除了上述三派之外，還有另一批馬克思主義者，指控連溫卿是屬於具有妥協性格的「左翼社會民主主義者」，因此奪取了新文協的領導權而驅逐了連溫卿。蘇新所說的馬克思主義者，乃是指謝雪紅而言。因爲，把連溫卿逐出新文協的，正是謝雪紅等人。換句話說，蘇新在檢討新文協分裂的歷史責任時，有意將這項政治錯誤歸於謝雪紅一人來承擔。

然而，蘇新在討論時，竟然忘記馬克思主義者的陣營裏還有激進派與漸進派之分，謝雪紅在一九二九年把連溫卿逐出新文協時，從來沒有想到她自己在一九三一年會被奪取台共的領導權，而且還遭到開除台共黨籍的下場。把她逐出台共的，不是別人，正是激進派蘇新所加入的「改革同盟」。《新台灣大衆時報》乃是台共內部「改革同盟」所掌控的一份刊物，是反映激進左派政治路線的一份重要史料。

《新台灣大衆時報》雖然是新文協的機關雜誌，但是它整個內容表現出來的政治主張，卻是台共極左路線的基調。這是因爲連溫卿被逐後，新文協直接落到台共的領導權之下，《台灣大衆時報》的編輯權自然也落到台共的手中。一九二九年二月十二日，新文協召開第三次大會時，曾經通過一個議案，亦即「促成大衆時報的復刊」（參閱《警察沿革誌》，頁二四七）。議案成立之後，新文協推派三位成員到東京進行復刊事宜。

重新出發的《新台灣大衆時報》，是以月刊形式出現的。一九三〇年十二月一日，第一卷第一號，也就是創刊號，正式問世。發行所依舊是設在東京的「株式會社台灣大衆時報社」，不過，編輯兼發行人則改爲賴通堯。爲什麼以賴通堯爲總編輯？這個問題似乎沒有確切的答案。賴通堯是新文協台中支部的成員，在組織裏並未扮演重要角色，卻能夠掌握機關刊物的編輯權，這種安排頗耐人尋味。以一位無足輕重的成員做爲雜誌的代表，也許可以避開日警的檢查吧。與《台灣大衆時報》的蘇新比較之下，賴通堯似乎只是掛名而已，而並負責實際的編輯工作。事實上，在《新台灣大衆時報》上的撰稿者，都一律使用筆名，未嘗有使用眞名者；只有在封底版權頁上，賴通堯是唯一的本名。這點可以旁證，編輯兼發行人的名義，虛多於實。

代表新文協政治路線的《新台灣大衆時報》，發表了大量的論文，對於左翼活動的報導，相對地減少許多。從論文的內容，可以淸楚辨認左翼激進化之後的思考方式。基本上，激進左翼的原則，是不能容納任何妥協的、體制內改革的主張；對於資產階級的路線，必予以嚴厲撻伐。這種排他性運動的抬頭，自然有其一定的時代背景。

一九二九年是世界經濟大恐慌總爆發的一年，全球各個角落幾乎不能免於強烈的衝擊。對於左翼運動而言，這種動盪現象無疑是資本主義與帝國主義即將崩潰的徵兆。殖民地台灣的知識分子，最能感受經濟大恐慌帶來的蕭條景況，工廠倒閉的頻繁與失業數字的增加，都代表了台灣社會已到達危機邊緣。尤其是做爲殖民地母國的日本，自一九二九年開始，就陸續浮現經濟不穩的跡象。當時在莫斯科領導國際共產主義運動的第三國際，也過高評估了資本主義國家即將崩潰的危機。這種認識，導致激昂革命理論的大大提升。第三國際呼籲各國的左翼運動者，應該隨時準備迎接革命時機的到來。如果日本與中國的共產黨都認爲革命運動即將爆發的話，台灣共產黨就沒有理由不相信殖民地革命火種點燃的可能。

《新台灣大衆時報》的〈創刊宣言〉相當具體地表達了這樣的觀點：「據現在客觀情勢我們文協是要有如何的任務呢？我們確定資本主義第三期的現階段，帝國主義已入於沒落的時期，勢必對於我們殖民地加緊政治經濟的××和××，企圖保有他們的權利，以苟延其殘喘，而殖民地若能斷絕資本主義的財源，資本主義便隨即喪失存在的根據，所以反××主義運動，便成爲殖民地解放運動。」爲了迎接資本主義沒落期的來臨，新文協必須確立政治運動的方向。宣言說：「我們文協的鬥爭目標，是反對××主義的反動的民族資產階級，我們的手段是要我們無產市民青年學生，受工農××分子的領導來同××主義者及一切反動分子拚命。」文中使用的「××」記號，便是要躲開思想警察的耳目，因爲這些都代表敏感的字眼，如「壓迫」、「剝削」、「帝國」、「革命」等等。所謂資本主義第三期，其實是來自第三國際的說法，乃是指帝國主義發展的最高階段；亦即到了即將崩潰的邊緣。這樣的看法，使新文協成員以及背後的台共成員一致認爲，革命的時機已經成熟。配合這種論點的另一篇文章，便是署名「飛鋒」所寫的〈台灣左翼分子當面的任務〉，文中刻意強調：「現下我們的政治任務，便是爭取擴大的工農羣衆到××方面來整理和擴大工會農組文協的羣衆團體的組織，採取××的羣衆鬥爭的路線，向完成民主××的目標，做猛烈的反×××反民族改良主義爲根本任務。」

從上述引用的文字，當可了解激進左翼路線的方向；它一方面是以反帝國主義為主調，另一方面則又以反民族改良主義為中心。激進派的角色，便是在「反民族改良主義」的立場上，與其他派系劃清了界線。

民族改良主義的陣營，當是指台灣民衆黨與台灣地方自治聯盟。這兩個團體的成員，無非是以資本家、土著地主、中產知識分子為主體。他們強調合法的、體制的和平漸進改革，希望透過設置議會與地方選舉而獲得政治發言權。對激進左派來說，這種主張等於是協助殖民統治者鞏固其統治基礎。因此，他們堅決反對民衆黨與地方自治聯盟的保守路線。激進左派把革命運動的力量，集中在農民與工人階級之上，認為與民族資本家是無可妥協的，根本毫無相互合作的餘地。

《新台灣大衆時報》創刊號上，署名「血花」的作者，所寫的〈打倒民衆黨及自治聯盟〉，最能代表新文協的態度。這篇罕見的、長達萬餘字的文字徹底剖析了民衆黨與自治聯盟的本質。該文抨擊民衆黨的立黨宗旨，指控其政治主張充滿了欺罔性格，認為民衆黨揭櫫的全民政治，其實是一種布爾喬亞式的民主主義，一方面結合日本資產階級的政黨，另方面又肯定帝國主義走狗的中國蔣介石，並未照顧到台灣弱勢人民的利益。對於自治聯盟，該文更是將之形容為「臭氣紛紛的死屍」，指出聯盟成員與日本殖民者的利益是一致的。這一組織的存在，對台灣革命構成了極大的障礙。

一九三一年，《新台灣大衆時報》第二卷第一期（即總號第二期）才遲緩出刊。該刊在「編後」解釋遲緩出刊的原因，理由是原稿失蹤與印刷廠故障。事實上，以史實印證的話，這次緩印的背後隱藏了台共的內部發生權力鬥爭的眞相。以王萬得、蘇新爲首的台共「改革同盟」，在黨內松山會議之後，開始對謝雪紅的領導權進行挑戰。由於謝雪紅堅持應與部分民族資本家建立聯合陣線，並且主張採取漸進革命的策略，遂招致激進派的批判。由於台共正處於劇烈鬥爭的階段，《新台灣大衆時報》的編輯印刷自然就停滯下來。

在這期上發表的兩篇文章：〈台灣農民組合當面之任務〉與〈台灣文化協會當面的任務〉，足以代表台共新領導階層出現後的運動方向。兩篇文章的精神，可以說升高了革命的口號。對於任何妥協的主張，極力予以撻伐。在字裏行間，也強烈暗示文協的中央領導者帶有機會主義者的傾向。它所指涉的對象，無疑是朝向台共的謝雪紅。總而言之，新文協的運動方向雖然高倡革命理論，但其目的乃是在於從事權力的爭奪。

這種極左路線，表面上好像是要結合更多的工農羣衆，在實際行動方面反而造成少數知識菁英領導的現象。一九三一年二月，台灣民衆黨遭到日警的禁止解散時，《新台灣大衆時報》更是進一步落井下石，並沒有任何聲援的行動。由於路線不斷向左發展，在與民衆黨、自治聯盟對敵後，新文協也開始在本身的領導層製造對峙。它表現出來的結果，便是謝雪紅被台共開除黨籍，新文協的領導權完全被極左派控制。然而，激進路線的主張也未因此而稍止。《新台灣大衆時報》第二卷第二號（即總號第三期），出版於一九三一年五月。這期出現了一篇題爲〈文協解消問題〉的文章。作者「清滴」主張，文化協會最後是要解散的，因爲它的存在，將阻礙台共的成長與發展。不過，該文認爲，文協解散的時機，應該要在反帝同盟與總工會成立後才進行。對極左派而言，新文協顯然還不夠激進。必須另起爐灶，重組反帝同盟之類的組織，才符合極左的主張。

這種日益僨張的革命口號，其實是屬於「盲左」、「狂左」的做法。《新台灣大衆時報》第二卷第四期（即總號第五期），在一九三一年七月出版便宣告停刊了。停刊原因無他，台共黨員遭到了全島性的大逮捕。無論是激進派或漸進派，都同樣受到監禁、審判。

從歷史的角度來看，《新台灣大衆時報》的印行，反映了台灣抗日運動中的一種急切心情。然而，激進路線的出現，在某種程度上，也是世界革命路線在台灣的一個投射。從全部五期的文章內容，即可窺見台灣左翼運動的起伏矛盾與恩怨分合，也可推想當時國際共產主義在亞洲各個社會所造成的衝擊。激進路線在中國、日本最後都沒有成功，則實力更爲渺小的台共，其成功的機率更是微乎其微了。

附識：在海外研究台灣左翼運動史時，承蒙許多朋友提供珍貴史料。本文的完成，獲得兩位朋友的幫助，李南衡先生複印《台灣大眾時報》十期，慨然賜贈。美國奧勒岡州 Reed College 教授 Douglas Fix，印贈《新台灣大眾時報》。特此致誠摯謝意。

第七章
台灣共產黨的一九二八年綱領與一九三一年綱領

前言

台灣共產黨在一九三一年發生分裂，同年六月立即遭到日警大逮捕，整個組織終告潰散。台共淪亡時，距離一九二八年四月的建黨，甫及三年。這個祕密活動的抗日團體，前後存續時間雖極短暫，但是對於日據時期政治運動的影響，以及對殖民地知識分子政治思考的衝擊，可謂至深且鉅。當時極爲活躍的台灣文化協會與台灣農民組合，其領導階層都受到台共的操控。台共開創出來的格局與規模，較諸同時期的其他抗日團體，誠然有過之而無不及。

但是，台共的重要性，不僅在於它能夠支配其他團體的政治活動，而且也在於它提出的政治主張是最前進、也最具先知姿態的。以一九二七年成立的台灣民衆黨爲例，其政治綱領乃是以追求「台灣自治」、「台灣議會」的體制內改革爲目標；而台共則提出「台灣民族」、「台灣革命」、「台灣獨立」的主張。即使是從今天的眼光來看，台共的政治綱領仍然具有強烈的震撼性。從一九二〇年代迄今，台灣社會發展的方向，幾乎就是沿著塑造台灣民族、台灣獨立的路線前進。

在日本殖民統治下，台共基於何種理論基礎與時代背景而提出「台灣民族」、「台灣革命」、「台灣獨立」的主張！在一九二八年建黨與一九三一年分裂時所出現的兩個不同的台共黨中央，都分別提出各自堅持的運動路線的綱領；不過，在「台灣民族」與「台灣獨立」的議題上，雙方的立場都是一致的，理由何在？本文嘗試比較一九二八年與一九三一年的台共綱領，以便尋找台灣民族、台灣獨立等等主張的理論與實際。台共的政治主張，有第三國際的列寧理論爲基礎，有日本共產黨的政治指導，也有中國共產黨的強力支持，更有台灣本身的政治要求。從這幾個方向去理解，才能釐清台灣民族論的眞正意義。

一九二八年綱領的台灣民族論

台灣共產黨在一九二八年四月十五日於上海召開建黨大會，並通過黨的〈政治大綱〉。這份大綱，乃是出自創黨者林木順之手❶。不過，在撰寫大綱之前，林木順曾經獲得日共領袖渡邊政之輔、佐野學的協助。佐野學在一九三〇年被日警逮捕後所做的口供，提到他與台共的關係：「昭和二年（一九二七）十一月渡邊政之輔從莫斯科回來時，就已說過台灣共產主義者將附屬於日本共產黨，以民族支部組織起來的事情。」又說：「一九二七年十二月末或一九二八年一月初，一位台灣人同志來拜訪渡邊，就民族支部的形式交換意見。我與那位同志見面，渡邊以那位同志所提出來的資料爲基礎，撰成了政治、組織綱領草案，我也就政治綱領草案交換了意見。」❷

因爲，渡邊政之輔在一九二七年遠赴莫斯科，接受協助台共建黨的任務。他在莫斯科認識兩位台灣學生，亦即後來的台共創建者謝雪紅與林木順。佐野學在東京會見的那位台共同志，顯然是謝雪紅無疑。謝雪紅在日後被捕的口供就承認：「在一九二七年下旬，被告人謝阿女（謝雪紅原名）被召去東京，自渡邊政之輔接受了政治綱領與組織綱領，這是由渡邊政之輔起草，於一九二八年一月中旬由日本共產黨中央常任委員會討論確定。」❸從日共、台共雙方領導人的口供，可以確定台共政治綱領乃是由日共起草，然後由台共負責人來根據台灣實況加以修訂而定稿。

如果再參閱中共方面的記載，更可以了解台共政治大綱的眞正撰稿者。在建黨前夕，首先成立籌備會，會中決定翁澤生、謝雪紅、林木順起草政治綱領❹。這三位都是台共的原始建黨者，不過，謝、林二人在一九二五年被派往莫斯科東方大學受訓，而翁澤生則留在上海與中共方面聯絡。翁澤生是中共領袖瞿秋白的上海大學得意門生，可以說與中共黨員過從甚密的一位台灣人❺。事實上，翁澤生很早就已加入中國共產黨，他參加台共的活動，始終都是接受中共的指令。

從以上的事實來看，台共〈政治大綱〉的擬定完成，乃是經過莫斯科第三國際、日共領導人、台共創黨者，以及中共黨員的共同合作。在當時國際共產主義運動臻於高潮之際，這樣的合作自然是順理成章的。然而，有關這段歷史的過程，現階段的統派研究者卻有意篡改史實，認爲台共的政治大綱「基本上只是日共提供的政治大綱草案的轉譯而已。問題已經清楚了，所謂的台灣民族論，其始作俑者，並不是台共，而是日共」❻。這種推論的根據是，日警在一九二九年破獲台共東京支部的組織時，警方曾經向該支部負責人陳來旺提出這樣的問題：「有關台灣民族問題的政治綱領，在市川正一處所發現的〈政治綱領草案〉，與去年（一九二八）四月二十五日上海總領事館檢舉台灣共產黨之際所沒收的〈政治大綱〉，內容幾乎相同，其間的關係爲何！」❼

統派立論的意圖，是很清楚的。只要能確認「台灣民族論」的根源是得自日本共產黨，那麼「台灣民族」就是虛構的。這種爲中共服務的歷史解釋，完全忽視了史實的發展，也忽視了台灣社會的主體發展，更忽視了台灣共產黨理論的時代背景。更重要的是，在下面的討論中將提到，當時中共本身的政治綱領不僅明言承認台灣人是一個「弱小民族」，而且還規定中共必須支持台灣獨立。這是統派學者所不敢面對的事實，也是最感苦不堪言之處。

台共政治大綱的第一節，首言「台灣民族的發展」，其重點在於強調台灣住民乃是屬於弱小民族。台灣民族在近代世界史的發展過程中，從十七世紀荷蘭之占領南部、西班牙之占領北部開始，便是台灣殖民地歷史的序幕。其後，鄭成功征服台灣，割據荷、西殖民者所占領的土地，同時又將中國的封建制度介紹到台灣。台灣民族的最初形成，就是在殖民與封建的交織過程中在進行的。滿清據台後，繼續沿用封建制度；但是台灣人在這段時期也開始與西方建立商業貿易關係，初期的資本主義漸漸在島上萌芽。日清戰爭的結果，台灣被迫割讓給日本；這使得原來反抗滿清的台灣民族運動，轉化成爲反抗日本的入侵。台灣民主國，就是爲了要建立民主獨立的國家、開拓資本主義的道路。不過，由於台灣資產階級的力量尚未成熟，這項努力就被強悍的日本帝國主義鎮壓下來。日本占領台灣以後，資本主義獲得新的發展，在掠奪之下，台灣的土地問題開始有了巨大的變化。台灣民族便是在這樣的歷史過程中建立起來的[8]。

在這篇簡短的歷史回顧中，提到帝國主義的鎮壓、資本主義的掠奪，與民主革命的反抗，這等於界定了被壓迫的台灣民族之反抗對象與歷史任務。在〈政治大綱〉的第四節「無產階級的成長過程」，台共特別指出台灣革命的兩個客觀事實：第一，台灣是日本帝國主義國家的殖民地；第二，台灣本身還存在很多封建制度的殘餘❾。具體來說，台灣是殖民地，乃屬無可辯駁的事實。忽略了這點，往往會誤以爲台灣社會就是日本本國的延長，資本主義已經在台灣成熟了。台灣事實上淪爲殖民地之後，資本主義並未獲得充分的發展；在很大程度上，必須依賴日本資本家的支配。認識了這點，才能確立台灣革命是一種殖民地革命。同樣的，由於資本主義在台灣既未充分發展，封建制度的殘餘仍然深深根植於社會內部。台灣革命自然也具備了克服封建殘餘的任務，其性質也是屬於社會革命。基於這樣的事實，在第五節「革命的展望」，政治大綱指出，日本殖民者在台灣建立的統治，無非是封建地主與資本家混合的政權。因此，「台灣的獨立運動就不僅僅只是單純的民族解放運動而已，並且在社會內容裏也是民主主義的革命」❿。

在確認台灣革命的性質之後，政治大綱在總結的第七節「台灣共產黨與民族獨立運動」，爲台共的階段任務闡釋得非常清楚：「過去與目前全世界革命運動的豐富經驗與教訓都證明，如果沒有先進資本主義國家的工人階級和蘇聯的積極援助，如果沒有殖民地工人、農民革命的反抗和共產黨的領導，民族革命是不可能成功的。台灣共產黨是以無產階級爲基礎建立起來的，可以說是屬於無產階級的革命政黨。共產黨目前的任務與工作，在於激發階級鬥爭，發展工農的革命勢力。工農羣衆的革命理論，就是以階級鬥爭推動工農階級，使之參與革命的陣營，成爲民族革命的主要利器。」⓫這段分析的主要論點，在於指出台灣革命致勝的四大因素，即第一，先進資本主義國家的工人階級，這當然是包括日本共產黨領導的日本工人運動；第二，蘇聯的援助，指的是總部設在莫斯科的「共產國際」(Communist International，簡稱 Commintern)，又稱「第三國際」，包括中共、日共、韓共、越共以及台共在內，都接受其指令與領導；第三，台灣社會內部的工人、農民運動，以當時而論，包括極爲活躍的「台灣文化協會」與「台灣農民組合」，都是獨立解放運動無可分割的一部分；第四，台灣共產黨本身，才是整個民族獨立運動成敗的最主要關鍵。

台灣共產黨承擔著台灣民族解放的任務，同時也負起階級解放的使命。爲什麼民族革命與階級革命是合二爲一的？這是因爲日本帝國主義者與台灣人從來就不屬於同一個民族，所以台灣人的抗日運動自然就含有民族革命的意味。而在台灣的資本家以日本人居多，少數的台灣資本家又與日本帝國主義者合作密切，所以階級解放運動的敵人，自然是以這些資本家爲對象。所以，台灣的社會革命既反抗資本主義，也反抗帝國主義，二者都正好是以日本人爲中心；這正是政治大綱所說的，台共進行的是民族革命與階級革命。

台灣民族革命的理論根源

爲了完成台灣民族的解放獨立運動，一九二八年的〈台共綱領〉提出以下的政治口號⑫：

一，打倒總督專制政治——打倒日本帝國主義。
二，台灣民族獨立萬歲。
三，建立台灣共和國。
四，廢除壓制工農的惡法。
五，勞動七小時——不勞動者不得食。
六，爭取罷工、集會、結社、言論、出版等自由。
七，土地歸還農民。
八，打倒封建殘餘勢力。
九，制定失業保險法。
十，反對壓制日、鮮無產階級的惡法。
十一，擁護蘇維埃聯邦。
十二，擁護中國革命。
十三，反對新帝國主義戰爭。

這些口號總結了台共所要追求的目標，也突顯台灣民族革命的特殊性質。從「打倒日本帝國主義」、「台灣民族獨立」、「建立台灣共和國」等的主張，就可區分出台灣革命與中國革命是完全不同性質的民族運動。前者在於追求台灣獨立與建立台灣共和國，後者則在追求中國人民的解放。為什麼能夠區分得那麼清楚？因為台灣是殖民地，而中國不是；兩個社會的經濟基礎、政治體制、社會條件與人民願望完全不一樣。中國革命並不能使受迫害的台灣人民獲得解放，更不能使台灣工農階級獲得自由。台灣民族要得到政治、經濟的自由，唯有透過台灣的殖民地革命才能獲致。

毫無疑問的，當時中國革命與台灣革命的理論基礎與策略方向，事實上都是經過蘇聯共產國際的規定。中國共產黨在那段時期之所以會採取激進的城市工人暴動路線，而不是毛澤東後來提倡的農民革命策略，全然是受到共產國際的制約⓭。相反的，謝雪紅、林木順的一九二八年台共政綱，雖然受到共產國際的指令，並且通過日共的領導來從事政治運動，但由於台共建黨後不久，日共即遭到日警的大逮捕，台共與日共之間的聯繫遂告中斷⓮。台共的運動策略必須依賴本身的智慧與經驗去判斷，因此受到共產國際的指揮便相對地減少。但是，這並不意味台共完全與共產國際擺脫相互的關係。至少，台灣殖民地革命的理論，確實是受到共產國際的指導。

遠在一九二二年，日本共產黨建黨時，就提出如下的綱領：「一，停止一切對外干涉；二，由朝鮮、中國、台灣及庫頁島撤退軍隊；三，承認蘇聯。」⓯把台灣與中國相提並論，足以說明在日共眼中，對於日本之侵略中國與占領台灣的事實，是同樣重要的。不過，在那段時期，日共還沒有想到要使台灣獨立這樣的解放策略。不久因日共受到日警大檢舉，有關台灣的問題便沒有繼續討論。共產國際的領導人第一次注意到台灣問題，恐怕是長駐莫斯科的日共領袖片山潛。他在一九二四年七月的共產國際第五次代表大會上提到如下的情勢：「一八九四年中日戰爭後，福摩薩（台灣）變成了日本的殖民地。島上居民約三百萬。基本生產形式是栽種水稻和種植甘蔗。日本資產階級瘋狂地剝削台灣人。但最近兩年裏開始了有利於自治的運動。這個運動是小資產階級性質的，但卻是眞正革命的。日本共產黨人竭力支持著這個運動，然而，福摩薩島上還沒有出現大規模的羣衆運動。共產黨的核心已在宗主國的台灣人中間建立起來了。」[16]

片山潛提到的台灣自治運動，指的是台灣議會設置運動與台灣文化協會所推動的政治運動。這些運動誠如片山潛所說，都是屬於小資產階級性質的。不過，他又提到宗主國日本的台灣留學生，已開始受到日共的接觸。日後東京台灣青年會之所以設置「社會科學研究部」，便是左翼台灣留學生集結的據點，並且也是日本共產黨的外圍團體。等到一九二八年台共成立時，這個「社會科學研究部」就變成台共東京特別支部的潛伏機構。無論如何，遠在台灣共產黨建立之前，共產國際已經透過日共黨員與台灣的留日學生接觸。在相當程度上，共產國際的革命理論已傳播到左翼知識分子中間了。

那麼，共產國際的革命理論是指什麼？從日後台共的發展歷史來看，列寧的殖民地革命策略無疑是台共政治綱領的重要依據。在俄國革命之前，列寧就已經有「社會主義革命與民族自決權」的理論構思。他認爲，資產階級酷嗜以籠統的、千篇一律的和平主義論去兼併弱小民族的領土，然後又推銷所謂的「民族平等」虛象。在疆界內，對弱小民族進行欺壓。列寧提醒所有的無產階級：「對帝國主義資產階級感到特別『不愉快的』問題，即以民族壓迫爲基礎的國家的疆界問題，無產階級不能默不作聲。無產階級不能不反對把被壓迫民族強制地留在該國疆界以內，這也就是說，要爲自治權而鬥爭。」⓱

列寧在民族自決權的問題上，又進一步去思考殖民地與帝國主義的相互關係。他在〈帝國主義是資本主義的最高階段〉一文中指出，資本主義爲了掠奪新而廉價的原料產地，並且爲了開拓可以操控的經濟市場，而開始在全球各地分割殖民地。殖民地乃是帝國主義的新根據地，他說：「資本輸出的利益也同樣地促進對殖民地的掠奪，因爲在殖民地市場上，更容易（有時甚至只有在殖民地市場上才可能）用壟斷的手段排除競爭者，保證由自己來供應，鞏固相當的『聯繫』等等。」⓲帝國主義既然以弱小民族的殖民地做爲資本輸出與市場開拓的根據地，那麼，要瓦解帝國主義的根本基礎，便是在殖民地動搖其統治。因此，催生殖民地革命，以便切斷帝國主義的根鬚，就成爲共產國際的重要策略。

在俄國革命成功以後，列寧對於民族自決權與殖民地革命的闡釋就更加明確。他指出，在社會革命方面，國內的被壓迫無產階級必須與掠奪性的、壓迫性的資產階級徹底區分界限。同樣的，在民族革命方面，列寧特別強調：「把被壓迫的、附屬的、沒有平等權利的民族，同壓迫的、剝削的、享有充分權利的民族也明確地加以區分，來與資產階級民主的虛僞性相對立。這種虛僞性蒙蔽著金融資本和帝國主義的時代所特有的現象，即少數最富強的先進資本主義國家對世界絕大多數人實行殖民奴役和金融奴役。」[19]依照這樣的分析，在殖民地社會裏的弱小民族，無可避免地承受著同時存在的雙重壓迫；一是階級的壓迫，一是民族的壓迫。台灣共產黨在其政治大綱提出的，殖民地革命具有階級革命與民族革命的雙元性質，其理論根源可以說來自列寧的主張。因此，在所有的殖民地裏，列寧鼓勵要加速組成「能夠獨立進行鬥爭的基幹隊伍，亦即黨的組織」[20]。這是列寧在一九二〇年的共產國際第二次代表大會上的談話，以他的指示爲依據，共產黨在亞洲各國便陸續成立起來，這包括印尼共產黨（一九二〇）、中國共產黨（一九二一）、日本共產黨（一九二二）、印度共產黨（一九二三）、緬甸共產黨（一九二四）、朝鮮共產黨（一九二五）等等[21]。台灣共產黨也是在這種推波助瀾的形勢下，於一九二八年建黨。

日本共產黨在一九二七年的綱領中曾經提出「殖民地完全獨立」[22]。較諸日共一九二二年綱領規定的「自台灣撤退軍隊」，這種主張可以說已有飛躍性的進步。根據一九二七年綱領的規定，共產國際遂決定要在台灣建立一個共產黨。這項決議是莫斯科在解決日本問題時一併提出的，日本工人階級有責任積極援助殖民地人民的民族解放。日本共產黨中央必須負起籌建台灣無產階級政黨的工作，並決定在台共成立後，在黨的組織未鞏固與各方面條件未成熟以前，暫時由日本共產黨做間接領導[23]。

從這些史實來看，台灣民族論與殖民地革命策略，顯然是直接受到列寧政治思想的影響，然後透過莫斯科共產國際的指導而形成的。在帝國主義對全球各弱小民族掠奪時，列寧的革命理論誠然有其正確的一面。他的理論反映在台共一九二八年的政治綱領上，也相當符合當時台灣社會的要求。任何依賴中華民族主義情緒而企圖篡取史實的解釋，絕對找不到立足點；它唯一奏效之處，便是製造了噪音。

台共分裂的中國因素

台共的一九二八年綱領，清楚界定了該黨的歷史任務與革命策略。倘然台共組織能夠完整地從上海移回台灣，則日據台灣史的發展恐怕會有巨幅的變化。然而不然，就在建黨之後的一週，台共立即遭逢「上海讀書會事件」。台共領袖林木順逃逸無蹤，原來規定要被派駐於東京的謝雪紅，終遭遣送回台。原來潛伏在台灣的黨員蔡孝乾、潘欽信、謝玉葉則紛紛逃離台灣[24]。在支離破碎的情況下，台共可以說已經潰散了。但是，謝雪紅被日警送回台灣後，立即展開黨的「更生運動」。在短短一年內，亦即在一九二九年，台灣農民組合與台灣文化協會的重要領導人都加入台共，成爲革命政黨的外圍組織。

對於台共建黨時的這段曲折史實，中共史家往往有篡改史實式的描述。有的書說：「一九二八年四月，許多在大陸受教育的台灣籍中國共產黨員和一部分留學日本的共產主義者，在中國共產黨直接的幫助下，於上海成立了台灣的黨組織。」[25]有的書則記載，台共是中共的全力協助指導下完成建黨的[26]。這些歷史描述只有部分是眞實的，而對於台籍中共黨員對台共的分裂與破壞的事實，則全然隻字不提。

中共對台共的負面影響，是必須澄清的一個嚴肅歷史課題。因爲，這牽涉到台共建黨時的殖民地革命策略與台灣民族的理論。根據共產國際的指導，各國共產黨在「一國一黨」的原則下著手建黨。這是爲了使各國的左翼運動能夠集中一切革命力量，只能容許一個國家建立一個共產黨。如果出現兩個黨組織，將造成領導上的雙重主義，以致造成左翼運動的分裂。因此，台共成立時，就被規定必須接受日本共產黨的領導，因爲當時是屬於日本的殖民地。基於這樣的理由，台共的正式名稱是「日本共產黨台灣民族支部」[27]。從台灣所處的政治環境與經濟條件來判斷，共產國際的組黨策略是正確的。台灣共產黨進行的是「殖民地革命」，與中國共產黨所從事的「社會革命」可以說性質全然不同。

但是，中共從台共建黨的開始就違背了共產國際的策略，它命令台籍的中共黨員，在一九二八年十月回台建立祕密的「中國共產黨台灣支部」。這個中共台灣支部的成員，大部分是在上海的台灣學生被吸收進去的，包括王萬得、潘欽信等人在內。因此，在台灣島內就出現兩個共黨組織，一是「日本共產黨台灣民族支部」，一是「中國共產黨台灣支部」。謝雪紅在台灣展開更生運動時，立即就面臨領導上的困難。根據後來被捕的陳來旺的口供，就提到如下的困擾：「去年（一九二八）十月十八日，中國共產黨台灣支部在台北創立，目前在台北、台中二處各有一個小組。因而（台共）有這樣的說法：『要結合台灣內部的這些中國共產黨員（台灣人），防止其動搖，以達到統一行動的目的。最爲危險的是，我台灣民族支部活動之和諧，很難確立領導權。然而，我們必須相當努力，以便吸收中國共產黨台灣支部。』」㉘

從以上的事實可以發現，中共對於台灣的抗日運動沒有絲毫幫助，它最大的貢獻便是爲台共埋下分裂的因素。陳來旺在被捕前，曾經撰寫一篇報告〈台灣的黨組織活動方針及其組織狀態〉，說明台共在領導上的困難。這份報告，後來在日共領導人市川正一的住處被搜獲。從報告的文字可以理解島內台共的處境：一，中共台灣支部的成員分成兩個地域性小組，很難確立領導權；二，令人不堪想像的是，這些中共台灣支部成員竟然不知道台共的存在；三，中共成員清一色都是知識分子，沒有實際上的運動經驗㉙。這足以說明中共的台籍黨員，與台灣社會現實的脫節程度是相當嚴重的了。

對台共構成最大的困難處，便是這些中共的台籍黨員決定加入台灣共產黨後，一方面積極奪取領導權，一方面則違背殖民地革命的策略，而另外採取激進的社會革命路線。這雙重的挑戰，有其相互的關係，並且還導致了整個台共組織的分裂淪亡。因此，就領導權爭奪的問題，値得進一步討論。

前面提及，「上海讀書會事件」發生後，有幾位黨員因恐懼被捕而逃離台灣，其中的一位謝玉葉乃是上海大學翁澤生的妻子。翁澤生頗受中共領導人瞿秋白的器重，他對中共台灣支部的成員具有相當大的影響力。雖然翁澤生已經加入台共，他竟然還慫恿中共黨員在台灣成立支部。從這件事實，就可理解中共黨員翁澤生有意建立他自己的宗派，而不惜違反共產國際的指令。這也是謝雪紅在日警法庭的口供所說：「在黨成立籌備會時共事的翁澤生、謝氏玉葉、潘欽信、洪朝宗、蔡孝乾等原來是無政府主義者，竟被推爲（台共）的黨中央委員。由於本人及其他數名在上海僅被檢舉而已，這些人竟然棄職逃亡。因此，這四名逃亡者被開除黨籍後，曾經通知日本共產黨與中國共產黨。翁澤生在恐慌中於廈門結合部分人士進行宗派運動，後來該批人士相繼返台。他們有的不敢對敵鬥爭而羈留海外，有的則害怕官警鎭壓而消沉，卻仍然戴著黨員的假面具，不接受黨中央指揮卻又煽動黨員。一旦被發現時便求饒，而黨要求清算時則勇於認錯。表面上相當忠貞，卻又不斷犯同樣的錯誤。」㉚

謝雪紅的描述，生動地勾勒了中共黨員的陰違陽奉。尤其謝玉葉除名一事，更加強了翁澤生的宗派意識。所以，謝雪紅的更生運動完成了島上黨的重建工作之後，翁澤生便透過中共台籍黨員向謝雪紅奪權。翁澤生深知，謝雪紅頗服膺於共產國際的指令，因此乘日共領導人遭到逮捕之際，台共失去了共產國際的聯繫，於是假藉瞿秋白的權威，對島內台共黨員發號施令。因爲，瞿秋白不僅是中共領導人，而且也是派駐共產國際的代表。翁澤生利用他在上海的地利之便，建立了一條相當逼眞的「共產國際—中共—台共」的指揮系統[31]。對於謝雪紅的領導，翁澤生提出這樣的批評：「台灣的黨幾乎與大衆脫節，毫無活動，以目前來看，只不過是研究性質的小組織，有必要進行改革。」他又認爲：「台灣客觀的種種形勢已有顯著變化，黨更有必要檢討各種方針。」[32]明明是中共的台籍黨員與羣衆脫離，明明是翁澤生本人與台灣社會脫節，他卻反而指控謝雪紅脫離現實。翁澤生的批評，避開使用個人的名義，而是假藉中共的名義，並且假藉共產國際的名義，頗具權威。

正是在他這樣的要求下，中共台籍黨員王萬得開始影響從日本返台的留學生蘇新等黨員。同時，翁澤生也派另一位中共黨員陳德興去告訴蘇新：「台灣黨犯著右傾機會主義和閉門主義的錯誤，應該很快地糾正這些錯誤，大膽地、愼重地展開羣衆日常生活的鬥爭，而在這種鬥爭中組織羣衆，這樣方能夠在羣衆中建立黨的基礎。」[33]這是相當諷刺的，如果沒有謝雪紅的更生運動，台共早已名存實亡。臨陣脫逃的中共黨員，竟然沒有錯誤，反而是把黨重建起來的謝雪紅犯了錯誤。

更爲諷刺的是，被謝雪紅開除黨籍的潘欽信，也從上海帶翁澤生的口信給蘇新說：「翁澤生同志並不是叫你們另外組織領導機構，由上而下去進行黨的改造工作，而是大會之前一方面檢討過去的工作，另方面展開羣衆的組織和鬥爭，用這樣的方法來教育一般黨員，提高黨員的水平，準備迎接大會，在大會上由下而上批評領導，以達到改造黨的目的。」[34]潘欽信的信息，足以說明整個篡奪領導權的背後策動者，完全出自翁澤生一人。根據翁的指示，篡奪工作的手段，便是透過召開黨大會的方式，由下而上對黨領導進行批評。批判工作完成時，也就是黨的改造宣告成功的時候。

一九三〇年十二月二十七日，王萬得結合蘇新（礦山工會負責人）、蕭來福（運輸工會負責人）、趙港、陳德興（農民組合）、莊守（南部地方負責人）、吳拱照（文化協會）等，組織了一個「改革同盟」，依照翁澤生的指示，對謝雪紅的「機會主義」與「閉門主義」展開圍剿[35]。一九三一年四月，祕密把她開除黨籍。然後通過台共新中央的一九三一年政治綱領，激進的台灣左翼革命路線，於焉誕生。對於「改革同盟」的指控，謝雪紅有如下的答覆：「黨之陷於機會主義，以致運動不活潑的一切原因，都歸咎於本人，並進行批判，而他們所犯的一切錯誤怠惰，全然避而不談，毫無反省。這些完全是翁澤生、王萬得、潘欽信等人的陰謀，遂造成今日多數黨員的入獄，使黨遭到根本的破壞。這一切責任都應該由他們改革同盟來承擔。」[36]謝雪紅的駁斥完全符合事實，但是，她提出這些辯駁時，已經是被日警逮捕入獄之後的事了。

中共是否協助了台灣人民的殖民地革命？答案很清楚，全然沒有。然而，中共自來出版的有關台灣史書籍，卻再三宣稱給予台共有力的支援與指導。歷史事實活生生提出了證辭，中共不僅沒有協助，反而對台灣反抗日本殖民地統治的革命力量處處阻撓，使抗日陣營發生分裂，終而導致台共的覆亡。對於中共片面的歷史解釋，必須審愼予以評估；否則，歷史的錯誤還會導出另一次錯誤的歷史。

一九三一年綱領與台灣民族論

中共的台籍黨員在一九三一年四月完成奪權工作，兩個月後，台共新中央的文件落入日警手中，於是黨員一一遭到緝捕。台共舊中央的成員，包括謝雪紅在內，也被波及而一併入獄。新中央通過的一九三一年綱領，完全沒有獲得實踐的機會。

値得進一步探討的是，翁澤生等中共黨員究竟在這份新綱領裏反映怎樣的革命策略？它與台共一九二八年綱領有何不同？兩份文件對照的話，立即可以發現新舊黨中央在「台灣民族」、「台灣獨立」的問題並沒有任何出入。最大的不同，在於他們對於「台灣革命」所提出的策略有很大的分歧。謝雪紅等人認爲，台灣社會要進行的是「殖民地革命」，而翁澤生等人則堅持台灣要立即採取「社會革命」。所謂「殖民地革命」的第一個前提，便是承認台灣是一個殖民地社會。在日本的殖民統治下，所有的階級都是被壓迫的，眞正的、唯一的壓迫者無疑就是日本人。謝雪紅認爲，台灣所有被壓迫的各個階級，包括民族資本家、小資產階級，都可以利用聯合戰線的方式團結起來，對日本殖民統治進行反抗。翁澤生等人認爲，台灣雖然是一個殖民地社會，但是，所有的資產階級與小資產階級都與日本殖民地有利益上的掛勾。他們基本上就是台灣農、工階級的敵人，根本不能合作，因此聯合陣線並不值得支持。換言之，翁澤生不僅要反抗日本殖民地，也徹底要與台灣的資本家、小資產階級劃清界限。他們只強調階級鬥爭，民族鬥爭反而是次要的[37]。

台共一九三一年政治綱領的主要三點如下：第一，顛覆帝國主義統治，台灣獨立；第二，實行土地革命，消除封建殘餘勢力；第三，建立工農獨裁的蘇維埃政權[38]。這是激進路線抬頭的具體反映，第二條針對的是日本人與台灣大地主，第三條則針對日本人與台灣資產階級。爲了更集中討論新舊黨中央的路線不同，這裏嘗試以台共與台灣文化協會的關係做爲檢討說明。

台灣文化協會在一九二七年分裂後，開始左傾，一般稱之爲「新文協」。新文協的領導人王敏川、連溫卿，支持溫和的左翼運動，在台共建黨之前，可以視爲左翼知識分子的集結據點。台共在一九二八年建黨時，曾經在內部討論過黨與新文協之間的問題。新文協雖然左傾，但畢竟沒有脫離小資產階級的色彩。因此，要不要與新文協合作，就成爲建黨時的重要議題。主要的原因是，新文協是當時島內最大的左翼組織，如果任其存在，可能會阻礙台共吸收新黨員的工作；如果取消它，則台共將失去一個合法團體的掩護[39]。

一九二八年綱領規定得很明白：「工農階級的聯合團體——大衆黨的組織——是無可欠缺的。現在必須利用文化協會加以組織，藉以擴大共產黨的活動舞台。一方面要克服文化協會的幼稚病，拉攏工農進步分子及青年分子加入文化協會，另方面極力暴露民衆黨的欺瞞政策，促使在他所指導下的羣衆左傾，逐漸成爲革命聯合戰線的中心。到了一定的時期，改造文化協會成爲大衆黨的組織。」[40]台共的策略極爲明確，就是利用新文協做爲外圍組織，對外可以合法接觸羣衆，對內可以祕密吸收黨員。這種進可攻、退可守的策略乃是聯合陣線的精緻表現。策略中提到的「民衆黨」，是指蔣渭水領導的台灣民衆黨而言。台灣民衆黨主張的是全民政黨，雖然也主張聯合農工，但是卻以小資產階級爲領導中心，並非是眞正的左翼運動路線[41]。確切地說，新文協雖由小資產階級知識分子組成，但是在一九二七年分裂時，就與右翼蔣渭水、蔡培火做過路線上的爭辯，早已確立以工農爲領導中心的政治路線。退出的右翼領導者，才另外組成台灣民衆黨。

所以，台共舊中央認爲，在小資產階級中，有進步的人士，也有墮落的保守者。台共並不排斥與具有革命性的進步資產階級合作。主張農工領導的堅定立場，結合被壓迫的進步的民族資本家，正是台共提倡聯合戰線的眞正精神所在。相形之下，一九三一年的政治綱領就不能容忍新文協的存在。

新中央對舊中央批評爲「機會主義」，就是因爲謝雪紅等人認爲資產階級中有進步的一面。一九三一年綱領指出舊中央的這種見解是錯誤的：「認爲台灣資產階級可以劃分爲兩種：一是帶有民主傾向、具有革命性的、擁有獨立的民族資本的資產階級左派；一是其資本已融入日本金融資本，且以地主身分實行封建榨取的反動資產階級右派。所以對所謂資產階級左派有幻想，認爲所謂的左派還具有革命的可能性。結果對（資產階級）左派採取妥協或讓步的態度。雖然指出資產階級將來的反動必然性，但無法指出資產階級及民族改良主義的危險，以及對此應有之反對任務。」㊷這樣的分析，誠然也有正確的一面。不過，台共新中央忽略的一點是，台灣是屬於殖民地社會這一個事實。在殖民統治下，固然有資本家向統治者靠攏，但能夠依附者畢竟是少數。大多數的民族資本家，在發展其金融資本時，最後都無法避免遇到障礙。他們的發展是如此有限，他們所受的壓迫又是必然的，則其革命性絕對不會全然抹消。

台共新中央之所以採取這種激進路線，把台灣資產階級也劃入日本帝國主義的範疇之內，最主要原因乃在於他們把中共的「社會革命」策略反映在台灣革命之上。也就是說，台共新中央成員大多是加入過中共的台共黨員，他們忠實接受來自翁澤生的指令，而翁澤生本身又受到中共左傾路線的影響。從一九二八年到一九三二年，中共領導先後出現了瞿秋白、王明、秦邦憲的極左錯誤路線㊸。翁澤生便是在盲目的歷史條件下，盲目執行錯誤的政策。因此，共產國際提倡的「殖民地革命」策略，就這樣遭到忽視了。台共新中央完全遺忘，台灣社會性質與中國社會性質是完全不同的，「社會革命」的策略並不適合台灣。

如果「殖民地革命」受到貶抑的話，那麼台共新中央爲什麼又接受「台灣民族」與「台灣獨立」的理論？有關這方面的問題，新中央也同樣反映了中共的態度。因爲，從一九二八年到一九四三年之間，中共始終認爲台灣人是屬於弱小民族，並且也遵守共產國際的規定，「所有的殖民地獨立」。在中共的黨綱、決議與政策之中，對於台灣民族之必須獨立，從未有過任何異議。這方面的討論，近人已有充分的文字深入分析[44]。具體而言，台共新中央在主張「台灣民族」、「台灣獨立」的訴求時，並沒有認眞研究這樣的目標必須與殖民地革命的手段結合起來，而只是盲目地把中共的政策套用在台共的革命策略之上。

結論

台灣民族的存在，是在歷史的壓迫過程中塑造起來的。外來的侵略與威脅愈強烈的話，台灣民族意識就越鞏固。台共的一九二八年綱領，正是反映了這樣的歷史現實。因此，有關台灣民族發展的回顧，在台共第一份政綱中占有相當重要的分量。因爲，台灣民族的追求生存與尊嚴，是台共所強調的革命主要任務。沒有殖民地社會的客觀條件，沒有外來政權的暴力干涉，台灣民族在過去四百年歷史中的鑄造就沒有那樣清晰深刻。檢討台共的歷史時，殖民地革命與台灣民族論之所以息息相關，是因爲當時領導人早已了解，台灣民族的論證先是從殖民地經驗產生的。要脫離被支配、被損害的經驗，就必須擺脫殖民地統治的羈絆，因此從事殖民地革命便是對抗外來政權的唯一途徑，也是維護台灣民族生存命運的最佳方法。

一九三一年綱領，則是中共干涉、破壞台灣抗日運動的產物。基本上，中共會出現錯誤的指導，主要是因爲與台灣社會現實脫節。雖然它也尊重台灣民族與台灣獨立的主張，但它並不了解台灣民族誕生的根源，也不了解台灣獨立的目標。它只不過是把台灣社會與中國社會等同起來，從而也把中國革命與台灣革命混爲一談。由於中共沒經歷過殖民地社會的階段，它永遠不知道台灣必須通過殖民地革命的手段才能獲得解放。而殖民地革命需要經過兩個階段的革命，首先是民族解放的革命，然後才是階級解放的革命。

加入中共的台灣籍黨員，並未清楚認識到這樣的歷史事實。所以只是盲目跟著中共的策略，只強調階級鬥爭，而忽視民族鬥爭。一九三一年政綱遂把階級革命放在優先位置，而忽略了整個台灣民族的願望與要求，所以不惜破壞台灣社會內部聯合戰線的策略，不惜在黨內進行奪權、內鬨、分裂，終而使日本統治者有可乘之機，導致台共未能躲過潰敗的命運。

中共勢力的介入，對台灣民族誠然構成巨大的危機。在六十年以後的今天，來檢討台共的殖民地革命與台灣民族論，事實上仍然還是有深刻的意義。這不僅僅是中共在台灣歷史解釋方面，不辭辛勞地發揮扭曲、篡改的智慧，混淆台灣青年學子的視聽；更嚴重的是，中共也使用一九三〇年代的模式，在台灣培植一批貌似台灣史的研究者對台灣民族的理論進行曲解，製造虛構的、沒有史實根據的解釋，積極爲中共的對台政策做鋪路的工作。台灣民族的危機，不止於外來的侵略，而且也顯現於內部的腐蝕。面對如此的挑戰，更加使人相信，殖民地歷史的檢討，永遠不會是陳舊的，而是歷久彌新。

註釋

❶關於林木順與台共〈政治大綱〉之關係，參閱陳芳明〈林木順與台灣共產黨的建立〉，《台灣史料研究》半年刊，第三號（台北，一九九四年二月），頁一三一—三二。

❷〈佐野學予審訊問調書〉，收入山邊健太郎編《社會主義運動(七)》（現代史資料20，東京みすず書房，一九七三），頁二五三。

❸司法省行政組〈被告人謝氏阿女外七名に對する治安維持法違反事件判決の一部〉，《思想月報》第八號（東京，一九三五年二月），頁一〇〇。

❹蕭彪、楊錦和、王炳南、許偉平〈翁澤生〉，收入中共黨史人物研究會編《中共黨史人物傳》第二十七卷（西安：陝西人民出版社，一九八六），頁一四一。

❺有關翁澤生的生平，參閱陳芳明〈台灣抗日運動中的中共路線——以台共「上大派」首腦翁澤生爲中心〉

(上)(中)(下)，《台灣公論報》（洛杉磯，一九九〇年十二月三十一日、一九九一年一月七日、十日）。

❻台灣的統一派為了批判台灣史家史明的史觀，不惜出版一冊專書進行圍剿。其中對日據時期台共的台灣民族論，也不遺餘力展開抨擊。參閱程文騰〈關於台灣人的抗日與「台灣人意識」——史明「台灣人意識」論的批判〉，收入許南村編《史明台灣史論的虛構》（台北：人間出版社，一九九四），頁一八〇。

❼陳來旺，台中大甲人，是台共東京特別支部的負責人，在一九二九年四月遭到日警逮捕。有關陳來旺的口供，參閱〈日本共產黨台灣民族支部東京特別支部員檢舉顚末〉，收入山邊健太郎編《台灣(二)》（現代史資料22，東京：みすず書房，一九七一），頁一三七。

❽台灣共產黨〈政治大綱〉，見台灣總督府編《台灣總督府警察沿革誌》中卷二，現在改名為《日本統治下的民族運動》（東京：台灣史料保存會複刻，一九六九），頁六〇一。這份大綱的中譯，見盧修一〈附錄——一九二八年台共政治大綱〉，《日據時代台灣共產黨史》（台北：自由時代出版社，一九八九），頁二〇三—一七；以及王乃信等譯《台灣社會運動史》第三冊（台北：創造出版社，一九八九），頁二四—二六。

❾《警察沿革誌》，頁六〇七；盧修一，頁二一一。

❿同上，頁六〇八；盧修一，頁二一二。

⓫同上，頁六一一—一二；盧修一，頁二一六。

⓬同上，頁六一一；盧修一，頁二一五。

⓭有關莫斯科共產國際與中國革命之間的關係，以及當時中國共產黨極左領導人王明、李立三的革命策略之討論，參閱曹仲彬、戴茂林《莫斯科中山大學與王明》（哈爾濱：黑龍江人民出版社，一九八八），與唐純

良著《李立三傳》（哈爾濱：黑龍江人民出版社，一九八四）。

⓮日共經過一九二八年的「三・一五」事件與一九二九年的「四・一六」事件，黨員幾乎被逮捕淨盡，使得日共與台共之間的從屬關係瀕臨斷裂。參閱陳芳明〈高壓下的低潮〉，《謝雪紅評傳》第六章（台北：前衛出版社，一九九一），頁一三八—六六。

⓯參閱市川正一著、田舍譯《日本共產黨鬥爭小史》（北京：世界知識社，一九五四），頁五一。

⓰片山潛的談話見於《共產國際有關中國革命的文獻資料（一九一九—一九二八）》第一輯（北京：中國社會科學出版社，一九八一），頁八七—八八。

⓱列寧〈社會主義革命與民族自決權〉，《列寧選集》第二冊（北京：人民出版社，一九六〇），頁七二〇。

⓲列寧〈帝國主義是資本主義的最高階段〉，同上，頁八〇四。

⓳列寧〈民族和殖民地問題提綱初稿〉，《列寧選集》第四冊，頁二七一。

⓴列寧〈共產國際第二次代表大會——民族和殖民地問題委員會報告〉，同上，頁三三四。

㉑史明《台灣人四百年史》（加州聖荷西：蓬島文化公司，一九八〇），頁五四六—四七。

㉒共產國際指導下的日共一九二七年綱領，是促成台灣共產黨建立的主因。有關這方面的討論，參閱若林正丈〈台灣革命とコミンテルン〉，《思想》（一九七五年五月號），後收入氏著《台灣抗日運動史研究》（東京：研文出版社，一九八三），頁三〇六。

㉓楊克煌《台灣人民民族解放鬥爭小史》（武漢：湖北人民出版社，一九五六），頁一三〇。

㉔關於「上海讀書會事件」，參閱陳芳明《謝雪紅評傳》，頁九五—九八。

㉕劉大年、丁名楠、余繩武著《台灣歷史概述》（北京：三聯書店，一九五六），頁七二。

㉖例如李新、彭明、蔡尚思等著《中國新民主主義革命時期通史》第一卷（北京：人民出版社，一九八一），頁一一二。以及陳碧笙《台灣地方史》（北京：中國社會科學出版社，一九九〇），頁二六四。

㉗《警察沿革誌》，頁五八九。

㉘〈日本共產黨台灣民族支部東京特別支部員檢舉顛末〉，頁九〇。

㉙同上，頁一六四—六五。

㉚《警察沿革誌》，頁六八三。

㉛參閱陳芳明〈台灣抗日運動中的中共路線〉(中)，《台灣公論報》（一九九一年一月七日）。

㉜《警察沿革誌》，頁六七一。

㉝蘇新〈蘇新自傳〉，《未歸的台共鬥魂》（台北：時報文化，一九九三），頁四六。

㉞同上，頁四八。

㉟《警察沿革誌》，頁六七六。

㊱同上，頁六八一。

㊲有關台共一九二八年綱領與一九三一年綱領的扼要比較，參閱Frank S. T. Hsiao & Lawrence R. Sullivan, "A Political History of the Taiwanese Communist Party, 1928-1931," *Journal of Asian Studies,* Vol. XL11, No.2, (February 1983), pp.269-89，這篇論文也指出，新舊黨中央對於台灣資產階級的不同態度，導致了他們所主張的不同革命策略。

38《警察沿革誌》，頁七一九。

39台共與新文協的關係，參閱蘇新〈連溫卿和台灣文化協會〉，前引書，頁一〇〇—〇六。另外有關台灣文化協會分裂前的發展，參閱林柏維《台灣文化協會滄桑》（台北：臺原出版社，一九九三）。不過此書未討論新文協與台共之間的互動關係。

40《警察沿革誌》，頁六一〇。

41關於台灣民衆黨的政治主張，參閱簡烱仁《台灣民衆黨》，特別是第二章〈台灣民衆黨的指導原理〉（台北：稻鄉出版社，一九九一），頁七九—一一八。

42《警察沿革誌》，頁七二四。

43關於這段時期的中共極左錯誤路線，參閱徐元冬等著《中國共產黨歷史講話》（北京：中國青年出版社，一九八二），頁一〇四—五一。

44中共把台灣人視為「台灣民族」，並支持「台灣獨立」的史實，參閱蕭欣義〈祖國臍帶誰剪斷？——中台關係的回顧〉，收入郭煥圭、趙復三編《台灣之將來》第一輯（北京：中國友誼出版公司，一九八三）；Frank S. T. Hsiao & Lawrence R. Sullivan, "The Chinese Communist Party and the Status of Taiwan, 1928-1943", *Pacific Affair*, Vol. 53, No.3, pp.446-67。

第八章
左翼運動史與政治變遷

引言

前後兩次左翼運動的大肅清，分別發生在日據時期的一九三〇年代與戒嚴時期的。一九五〇年代。第一次對台灣左翼運動的鎮壓，乃是日本統治者爲了維護其殖民體制而採取的行動。第二次對左翼運動者的大規模逮捕，則是國民黨政府爲了鞏固其動員戡亂體制而採取的對策。日本所要撲滅的對象是以台灣共產黨員爲目標，國民黨所整肅的對象則是以中國共產黨爲假想敵。這一前一後的掃蕩，表面上似乎是相互孤立的事件，但在實質的政治意義上，正好代表了殖民統治者在面對殖民地知識分子抵抗時所做出的同樣回應。不同的殖民體制，不同的時代背景，卻遭逢同樣的抵抗行動，這充分反映了台灣左翼運動在台灣殖民史上占有相當重要的位置。

左翼運動在台灣的成長與發展，絕對不是曇花一現，而是源遠流長的。從十九世紀末葉到二十世紀末葉的政治變遷，最大的特色之一便是，台灣從一個被壓迫者的殖民地社會，逐漸過渡而變成一個朝向解放的後殖民社會。這種解放的過程，緩慢而篤定，並且也不會因爲二十世紀即將結束而宣告終止。隨著歷史記憶的恢復與政治意識的覺醒，台灣社會的「去殖民化」(de-colonization)運動將會發展得越來越蓬勃。在去殖民化運動的過程中，左翼知識分子的行動是最積極的，同時他們承受的打擊也是最強烈的；然而，在歷史紀錄上他們留下來的反而是最少的。

有關左翼運動的討論，在一九八七年解嚴以後，才有漸漸開放的趨勢。在分散的、斷續的研究中，有一個不能忽略的事實是，許多遺留下來的歷史記憶並非來自民間社會，而是來自統治者的官方紀錄。對於任何一位從事台灣左翼研究的工作者來說，幾乎都必須克服兩種障礙。一是心理上的，亦即如何祛除肅清行動之後所殘餘下來的「恐共症」與白色恐怖的陰影。一是史料上的，也就是如何擺脫統治者所提供的偏頗史實與偏頗解釋。

這種現象，往往發生在有過殖民經驗的社會裏。殖民統治者爲達到合理化其正當性的目的，不能不對具備較強烈反抗性格的知識分子進行徹底的消音行動。這種消音政策，既取消左翼運動者在政治上的發言權，也剝奪了在歷史上的解釋權。雙重的封鎖，自然就造成了日後的困難。統治者優先占領了正當性的位置，則所有向其正當統治構成挑戰的力量，就被劃入「非法」、「叛亂」的範疇。「正當／不正當」、「合法／非法」、「秩序／叛亂」的雙元價值對立，便在殖民者與被殖民者之間劃清了界限。

不過，使台灣左翼運動史研究造成更爲困難的原因，還牽涉到大和民族主義與中華民族主義之間的緊張關係，也牽涉到國民黨與共產黨之間長期對峙的歷史背景，更牽涉到台灣意識與中國意識之間相互頡頏的現實因素。在一般後殖民社會裏，大多只存在著本土意識與外來意識的抗衡；而並沒有像台灣社會那樣，除了困惑於本土意識的混沌未明之外，還夾纏著大和民族主義與中華民族主義的糾葛。台灣左翼運動史的討論，是後殖民史學(post-colonial historiography)的建構中，最爲棘手也最難釐清的一個特例。

這篇論文，希望從二十世紀台灣左翼運動的史實中，檢討日本、國民黨、中共三個方面如何對歷史解釋權予以掌控，並且也檢討台灣知識分子在面對龐雜的、分歧的殖民主義歷史解釋時，如何重新建立屬於台灣歷史視野的史學。

歷史解釋權爭議的根源

日據時期與戰後初期的台灣左翼政治運動，誠然有顯著的不同。發軔於一九二〇年代的左翼運動，在組織的系譜上，與日本共產黨有較爲密切的關係。在一九五〇年代祕密活動的左翼政治運動者，則與中國共產黨有某種程度上的聯繫。先後發展的這兩股運動，在歷史淵源上固然有所不同，不過，在傳承上都與台灣共產黨的興亡關係匪淺。

台灣共產黨在一九二八年完成建黨，代表了台灣左翼運動邁入一個成熟的階段。在建黨之前，知識分子的結社，加速了社會主義思想的傳播。在日本、中國的台灣留學生，既把左翼思想介紹到台灣，並且也積極介入島內的農民運動與工人運動❶。這些留學生，分別與日本共產黨、中國共產黨的黨員有頻繁的往來。其中最值得注意的，莫過於在東京結社的台灣社會科學研究會，以及在上海粗略形成的所謂「上海大學派」(簡稱上大派)。這兩個集團的成員，後來就變成台灣共產黨中的部分重要骨幹。

爲了了解日共與中共系統之介入台共的建黨，有必要對這兩個集團做簡單敍述。東京台灣社會科學研究會的前身是「東京台灣青年會科學研究部」；而台灣青年會則是旅居日本的台灣留學生所組成的學生聯合會。在一九二三年以前，這是一個純粹主張「民族自決」的學生團體，兼容左、右不同意識形態的成員。也就是說，這個社團組成的初期，強調民族意識重於階級意識。但是，隨著日本國內馬克思主義的大量傳播，台灣青年會成員的思想內容開始產生劇烈變化，其中有不少學生之社會主義研究有了升高的趨勢。於是，信仰左翼思想的學生，漸漸與原有強調民族自決的學生造成對立❷。一九二七年，這些左翼學生受到日共外圍組織東京帝大新人會的鼓勵，遂於台灣青年會組成「社會科學研究部」。這個學生團體，不僅與日共成員、日本左翼組織有所過從，並且還與台灣島內的文化協會、台灣農民組合進行密切的聯絡與支援。他們的勢力增強，具備了雄厚的影響力，終於在同年十月奪得台灣青年會的領導權。這個組織為了避開青年會的內部權力鬥爭，又立即組成獨立於青年會之外的一個團體，命名為「東京台灣社會科學研究會」。象徵留學生的左翼思想全然成熟的組織，於焉宣告誕生❸。

台灣社會科學研究會的重要創建者蘇新，在他後來的自傳裏指出，由於有這個團體的協助，促成「台灣農民組合」與「日本農民組合」建立了關係；「台灣文化協會」與「日本勞動農民黨」也建立了關係❹。這個事實足以說明，在台共建立之前，台灣的左翼路線就已經與日本社會主義團體積極聯絡了。根據蘇新、陳來旺（成城學院）、林添進（日本大學）、何火炎（早稻田大學）❺。一九二八年四月，台灣共產黨成立之後，這個小組立即成為台共的東京特別支部❻。

台灣共產黨的建黨，乃是依據俄國革命領袖列寧的殖民地革命理論，並且接受莫斯科第三國際的指導而成立的。在第三國際的策略指導下，台灣共產黨隸屬於日本共產黨的系統，因此它的全稱是「日本共產黨台灣民族支部」❼。倘若這個隸屬系統能夠維持不變的話，則日後的歷史解釋恐怕不會引起過多的爭議。問題就在於，台共成立前後，日共的領導人遭到兩次大規模的逮捕，根本沒有餘力進一步指導並支援甫告誕生的台共❽。非常清楚的，日共自始就放棄了對台共的指導，以致有關日共與台共之間的聯繫，也沒有受到日共史家的注意。換言之，在所有涉及到日共歷史的研究裏，根本沒有隻字片語提到日共與台共的關係。這是歷史解釋發生爭議的重要關鍵之處。

台共的隸屬系統既然沒有受到釐清，而日共的研究者又未重視這個歷史事實，因此歷史解釋權就輕易落到中共史家的手上。

使中共史家奪得台共歷史解釋權的主要原因，必須回到前述「上大派」集團的成員之上。上海大學，是中國共產黨在一九二五年成立的第一個訓練共產黨員的學校❾。一九二〇年代赴上海讀書的台灣留學生中，稍具社會主義色彩的成員，大多與上海大學的教授或學生有所接觸。根據日本警察檔案，屬於上大派的台灣學生包括：蔡孝乾、翁澤生、莊春火、洪朝宗、蔡火旺、王萬得、陳玉映、潘欽信、周天啓、莊泗川、李曉芳等❿。然而，並不是所有上大派成員都在上海大學就讀過，而且也不全然是後來台共的創建者。在這份名單中，屬於台共建黨成員的，包括蔡孝乾、翁澤生、莊春火、洪朝宗、王萬得、潘欽信等六人，其中莊春火就未曾入學上海大學[11]。另外一位在上海大學就讀過，卻未被劃入上大派的重要領導人，就是謝雪紅。

謝雪紅在一九二五年進入上海大學後數月，即被推薦與林木順遠赴莫斯科，接受第三國際的訓練。一九二七年，謝雪紅、林木順回到上海時，便負有組織台灣共產黨的任務。他們一方面赴東京與日共領袖接觸，獲得理論上、組織上的指導，一方面在上海與上大派成員共同撰寫組織文件。上大派的靈魂人物，當推翁澤生無疑。他曾經組織上海台灣學生聯合會，又同時是《台灣民報》的上海特約記者，而中共領袖瞿秋白則是他的老師[12]。在台共建黨的工作上，出力最多的，乃是林木順、謝雪紅、翁澤生。

台共在一九二八年於上海建黨之際，正是日共領導人遭逢日警大逮捕的時候。因此，日共根本無法出席台共的成立大會，第三國際遂指令中共派代表於大會上致辭。毫無疑問的，脆弱的台共在建黨之初，確實獲得中共的協助，但這並不意味接受了中共的領導。歷史的誤會便是在這個重要的時刻發生了。後面的討論將會指出，中共史家往往過分強調台共成立大會上有中共代表的致辭，從而演繹出台共乃是受中共領導的結論。

不過，使這種歷史誤會深化的原因，恐怕還在於後來的發展。台共建黨後一週，立即發生了「上海讀書會事件」，台共主席林木順逃亡，候補委員謝雪紅被捕，引起了整個黨內的震撼[13]。當時，島內黨員蔡孝乾、洪朝宗、潘欽信、謝玉葉風聞事件消息後，立即逃亡至中國。蔡孝乾在漳州停留一些時日，然後遠赴江西瑞金參加中共蘇維埃政府。一九三五年，蔡孝乾是唯一以台灣人身分投入中共的長征行列[14]。島內黨員逃亡後，台共至此已屬名存實亡。但是，謝雪紅隻身被日警遣送回台後，並未放棄建黨的工作。她積極展開更生運動，結合文化協會、農民組合的成員，使台共重新又在台灣恢復組黨。

然而，就在謝雪紅重建台共組織之際，中共竟然祕密在台北、台中兩地建立一個直接領導的支部。於是，在島內的台共出現了雙元結構，一是由謝雪紅重組的「日本共產黨台灣民族支部」，一是由上大派領導的「中國共產黨台灣支部」[15]。雖然謝雪紅積極恢復黨的組織規模，但中共系統另有嚴密的指揮與紀律，阻撓了日後台共在島內的發展，並且也預告了後來台共的內鬨與分裂。中共系統台灣支部的存在，無疑破壞了台共統一戰線的力量，也破壞了第三國際所規定的「一國一黨」的策略。所謂「一國一黨」的設計，便是容許一個國家只能單獨存在一個黨的組織系統，以避免反抗力量的分散。中共成立地下的台灣支部，等於造成組織領導與革命策略的困擾。

「中國共產黨台灣支部」後來就演變成台共黨內的「改革同盟」。這個同盟結合自東京回來的蘇新、蕭來福，以及從上海返台的王萬得，暗中培養反對謝雪紅的勢力。不僅如此，他們還透過在上海的翁澤生，利用中共瞿秋白的名義，並假藉第三國際的指令，對謝雪紅進行抨擊。在一九三一年，中共系統的台灣支部成員完成了「新中央」的布局，祕密召開臨時大會，在會中正式開除了謝雪紅的黨籍，終於篡奪了台共的領導權[16]。中共系統的奪權計畫得逞時，也正是台共在一九三一年遭到日警大逮捕的時候。台共的內鬨與潰散，就在中共黨員的串連與結盟之下完成了。

這些史實在於說明，台灣左翼政治運動的成長，自始就受到外力的干擾。因此，後來的歷史解釋也受到同樣外力的影響。有一個事實必須特別強調的是，日本共產黨的革命最後畢竟宣告流產了；由於革命沒有成功，歷史解釋權也隨著淪落喪失。中國共產黨在一九四九年的建國成功，也順理成章獲得了歷史解釋權。台共形成過程中的雙元組織結構，優劣地位判然分明。日共系統自然受到貶抑，而中共系統的力量就得中共史家的渲染與誇張。戰後的日本共產黨在日本社會內部變得凋零不堪，舊有的日共黨員很難爲自己的歷史辯護，他們更不可能爲台共的歷史澄清，於是整個歷史解釋權就轉移到中共史家手上。

政治變遷與歷史解釋

台灣左翼政治運動史的解釋，在日本統治者、中共官方與國民黨官方三方面的眼光裏，都一致壓低了台灣知識分子所扮演的角色。究其原因，乃在於這三個統治者都採取了殖民者的優越地位。這與後來的政治變遷具有不可分割的關係，整個客觀形勢的發展都對台灣左翼運動者非常不利，從而也對他們所創造出來的歷史造成矮化的效果。台灣左翼運動史在政治變遷中，就被放置於邊緣的角落。

從日本殖民者來說，台灣人應該接受日本人塑造出來的國體與認同。做爲被殖民的台灣知識分子，一旦抗拒日本殖民主義的體制與價值觀念時，台灣的日本警察就有必要採取強制手段使其屈服。最顯著的殖民心態，莫過於日警在大逮捕後所發表的談話。當時的台灣總督府警務局長認爲，台共的領導者乃是「盲從俄國共黨之言，不爲台灣考慮，又不知日本和俄國之區別，擅謀革命，暴露其甘爲蘇俄赤化東洋政策之先驅，且受其指導者之唆使」⑰。這樣的談話，把台共崛起的原因完全歸諸俄國的赤化政策，全然把日本殖民主義的本質掩飾，開脫帝國主義者欺壓台灣人民的罪名。同樣的，另一位台北州警務部長奧田達郎則認爲，台共之所以沒有成功，乃是因爲殖民地人民「自然俯就於我國體」，同時，「國民的信念及社會的感情，不肯支持彼等革命運動」⑱。這種以帝國主義者的聲音來取代台灣人民的聲音，正是殖民主義的極致表現。被殖民的台灣人民之所以必須俯就於日本國體，主要是因爲殖民者使用警察權與暴力剝奪了人民的政治發言權。在殖民論述裏，左翼知識分子被形容爲「被煽惑、唆使」的，是不願俯就「國體」的，是缺乏「國民信念與社會感情」的。換句話說，左翼運動者無非是自我排斥於整個帝國主義的秩序之外。

戰後日本社會的歷史反省，基本上還是維護資本主義思考的傳統。對於台灣殖民史，日本學界幾乎從來未去觸探，遑論對台灣左翼史的研究。眞正觸及台共歷史的討論，必須等到第二代的史家出現之後；但是，也僅止於學術的討論，而沒有對整個日本殖民主義進行批判性的研究[19]。具體而言，殖民地時期的台共史觀基本上還沒有受到全新的挑戰。

如果日本史家刻意泯除台共發展史實的話，那麼，中共史家對於台共的態度則是予以篡改、扭曲，以便符合北京對台政策的要求。他們最典型的說法，便是再三強調台共是在中共的「直接指導與協助之下」成立的[20]。這是因爲中共史家爲了配合所謂「台灣是中國領土一部分」的政治口號，遂擴充了歷史解釋，刻意把台共史置於中共史的發展脈絡裏。

台共重要的建黨者謝雪紅、楊克煌、蘇新、蕭來福，在一九四九年中共建國成功後，都先後遠赴北京參加中共組織。他們都撰寫過有關台灣左翼運動史的作品，卻都沒有釐清歷史的眞相。做爲歷史的創造者，他們應該有充分的理由爲台共的歷史留下親身見證，爲什麼他們的著作反而隱晦了史實？原因無他，政治環境的拘宥，使他們不能做徹底的解釋。

以台共的工人運動領導者蕭來福爲例，他在戰後第二年，亦即一九四六年，以「蕭友三」的筆名撰寫《台灣解放運動的回顧》，全書以日文寫成。這本書的史觀，具有強烈的左翼色彩，他特別指出，「殖民地解放運動，乃是民族運動即階級運動、階級運動即民族運動，兩者有極爲密切的關係」[21]。因爲，日本帝國主義的榨取，乃是在政治上、經濟上以全體日本人爲優越地位的結果。因此，反抗日本帝國主義，應該是以全體日本人爲對象的民族抗爭。日本資本家又是以日本人的權力爲後盾來進行階級的壓榨，因此民族運動進行的同時，自然也帶有強烈的階級運動色彩。

蕭來福的左翼史觀，相當符合日據時期台灣社會的客觀事實。這是台灣第一部左翼史學的著作。很可惜的是，他這本書內容僅討論了台灣文化協會、台灣議會設置運動、台灣民衆黨與台灣地方自治聯盟等右翼組織，反而忽略了所有的左翼團體如台灣農民組合與台灣共產黨。蕭來福具備了左翼立場，卻擦拭了左翼歷史的紀錄，究其原因，可能是戰後初期國共內戰正熾，緊張的政治氣氛不容許他討論台共歷史。蕭來福省略了台共的史實，正好可以反映出他時代背景的困難。中共建國後，蕭來福投奔北京，由於政治壓力的升高，終致精神失常。所以，進入中國以後的蕭來福，根本不可能再做有關台共歷史的撰寫。這位歷史見證者，最後並沒有留下他親身經驗的紀錄[22]。

與蕭來福有姻親關係的另一位台共領導人蘇新，對台共歷史也沒有完整的紀錄。一九四七年，他逃亡到香港後，完成了一部《憤怒的台灣》，其中僅一小部分提及台共建黨。到達北京後，他寫過一篇自傳，其中也只是部分交代了涉及台共活動的事實，對於整個黨的興亡也沒有全面的釐清。

進入中國之前，他在香港所寫台共的成立，迥異於中共史家的看法：「台灣共產黨於一九二八年春在上海成立，從莫斯科回來的共產黨員林木順、謝雪紅等到上海之後，召集上海（翁澤生等）、台灣（蔡孝乾、林日高等）、東京（陳來旺等）的共產主義者集團，在日共渡邊政之輔、德田球一等及中共、韓共許多領袖參加之下，以『日本共產黨台灣民族支部』的名義誕生。」[23]這段敘述文字很清楚指出，中共、韓共的領袖僅是參加而已，眞正指導台共成立的，則是日共的渡邊政之輔與德田球一。這說明了台共親自參與者的說法，並沒有得到中共官方史家的採用。這也說明了，中共爲了達到支配台灣史觀的目的，可以完全棄史實於不顧。政治之干預歷史撰寫，於此可得明證。

蘇新到中國後所寫的自傳，也指出台共在上海以「日本共產黨台灣民族支部」的名義誕生。他說：「黨成立不久，謝雪紅就在上海被捕，黨的重要文件的一部分（據說是黨的綱領）也被敵人所獲。所以，敵人已知道了台灣共產黨的成立，並知道了台灣共產黨是日共系統。」[24]蘇新又一次強調，台共是屬於日共系統。如此簡單的事實，中共卻一再牽強地要篡改，以便導出「台共接受中共指導」的結論。這種知識暴力的橫行，正好反映出北京的殖民心態。企圖以主觀意志來改變客觀史實，正是殖民主義的另一種變相表現。

蘇新、蕭來福如果是代表台共「新中央」系統觀點的話，那麼代表台共「舊中央」觀點的，應該是謝雪紅與楊克煌。一九四七年二二八事件發生後，謝雪紅、楊克煌逃亡到香港，隨後就加入了中國共產黨。由於謝雪紅是台共在島內重新建黨後的領袖，她的加入中共一直給後人一個錯誤的印象，使人以為台共自始就是接受中共指導的。謝雪紅在領導台共時期，堅持日共系統指導的立場，反而被史家忽略了。不過，從楊克煌所寫的台共歷史來看，仍然可以發現他們雖已加入中共，但對史實的交代卻還是相當清楚的。

楊克煌離開台灣以後，先後完成了三冊著作。第一冊是一九四八年在香港以「林木順」為筆名所寫的《台灣二月革命》㉕。第二冊仍然是有關二二八事件的研究，亦即一九五五年出版的《回憶二二八起義》㉖。第三冊是一九五六年出版的《台灣人民民族解放鬥爭小史》㉗。在最後一本書裏，對於台共興亡始末有較為詳細的紀錄，這可能也是當年台共的當事人中所留下較為完整的見證。尤其是對於台共的建黨經過，這本書有非常明晰的說明：「一九二七年底，林木順、謝雪紅兩同志回國，即在上海與國內各地以及台灣、日本革命同志（其中包括一部分中共黨員和日共黨員）聯繫，遂即成立了台灣共產黨的籌備會。同時派出代表到東京去，在渡邊政之輔同志等的直接領導下，進行起草台灣共產黨綱領的工作。在綱領起草大體完畢後，這些代表於一九二八年一月回到上海，即在台灣共產黨籌備會中討論、審議綱領，並積極準備召開成立大會。然而由於這時日共全黨正在展開日本普選的政治鬥爭，日本共產黨中央乃委任中國共產黨中央派代表來領導台灣共產黨成立大會的工作。」㉘楊克煌以當事人的身分指出，台共乃是接受日本的領導，而中共僅是受委託來協助台共完成成立大會而已。

釐清日共系統與中共系統的史實，為的是要尋出台灣左翼運動史歷史解釋之所以產生混亂的原因。當日共刻意抹煞台共的史實時，中共則積極捏造史實。這兩種態度都同樣傷害了任何有關台共的研究，並且也誤導了後人對台共歷史地位的認識。蘇新與楊克煌在中國出版專著爲台共留下紀錄時，中共官方顯然有意忽視他們的存在。中共一方面宣稱支援過台灣的抗日運動，一方面卻不容許台灣左翼運動的史實浮現，可以說相當矛盾。謝雪紅、林木順當時堅持遵照第三國際的策略而接受日共領導，頗令中共史家感到不快。在共產國際臻於高峯的時代，謝雪紅所代表的「舊中央」，在維持日共系統領導的問題上並沒有錯誤。中共建國成功以後，對於「舊中央」的親日路線，自然有民族情緒上的不滿。然而，更重要的是，當年以「中國共產黨台灣支部」爲骨幹所組成的「新中央」，不斷受到謝雪紅的抗拒，這等於是排斥中共的領導。親中共路線的台共「新中央」，在奪得領導權後造成台共的分裂，並導致台共遭到日警的破壞。對於這些史實，中共史家似乎不樂於去面對。尤其是中共鼓吹的高度民族主義情緒在作祟，就更不可能冷靜看待台共的歷史了。

國民黨的台共史觀

相對於日共、中共對台灣左翼史的態度，在台灣的國民黨就完全以「反面」的立場來看待台共的歷史。至少在一九四九年國民黨撤退到台灣以前，台共歷史並沒有受到重視。直到國民政府被迫流亡於台灣後，爲了配合反共政策的推行，台共歷史才開始獲得討論。非常不幸的，國民黨的反共立場，只考慮到宣傳上的方便，而未專注於史實的眞僞，遂把台共與中共混爲一談。

就史實而言，戰後初期台灣左翼運動與日據時期的台共歷史並沒有密切的關係。不過，使後人在這兩者之間產生聯想的一個關鍵人物蔡孝乾，對於國民黨的台共史觀產生了一定的影響作用。如前所述，蔡孝乾是在一九二八年上海讀書會事件發生後立即逃離台灣的，並且參加了中共史上有名的兩萬五千里長征㉙。值得注意的是，他在延安時期，以「蔡前」爲筆名寫了一冊《日本帝國主義的殖民地台灣》。在一九四二年出版的這本小冊子裏，有一小節提及台灣共產黨的誕生：「年輕的台灣共產黨的最大的成就便是，部分的克服了在台灣運動陣營裏的日本福本主義之左的宗派主義傾向，召開了台灣全島左右派工人團體代表會議，成立台灣勞動運動統一委員會。此後，年輕的台灣共產黨在一九二八、二九、三〇年的最反動時期，堅持著地下的活動，支持了革命低落時期的羣衆工作。」㉚當時居住在延安中共中央的蔡孝乾，在敍述台共的抗日運動時，全然沒有隻字片語提到中共所扮演的角色。可以理解的，中共在台共史上的地位並沒有後來所渲染的那樣重要。

蔡孝乾的這本小書並沒有在歷史解釋上產生任何作用，因爲那是戰爭時期的宣傳品。不過，蔡孝乾的重要性出現在日本投降之後。他奉中共的指派，於一九四六年潛回台灣，成立

「中國共產黨台灣省工作委員會」。這似乎是日據時期「中國共產黨台灣支部」的延伸，但事實不然，而是一個全新的組織。一九四七年二二八事件之前，這個組織並沒有發生積極的作用。在二二八事件後，台灣人經歷了前所未有的大屠殺，而對國民黨投射強烈的不滿，遂有無數知識青年祕密參加了中共的組織，其中大多數是經由蔡孝乾吸收的。

中共地下黨之所以能夠活躍，乃是因爲國民黨的高壓政策造成了台灣社會的絕望。台灣知識分子對於當時在中國境內節節勝利的中共投以無限的憧憬，並且以眞正的行動支持中共，甚至成爲黨員[31]。從一九四七年至一九四九年，蔡孝乾領導的地下組織有長足的發展。一九五〇年，蔡孝乾被捕，株連無數地下黨員與無辜的知識青年。台灣五〇年代白色恐怖時期，便是指蔡孝乾被捕後引發連鎖反應的肅清事件，祕密逮捕與祕密槍決可謂層出不窮。國民黨爲合理化這一連串的血腥行動，遂把蔡孝乾的中共身分與他在日據時期的台共身分聯繫起來，並把中共的「叛亂」與日據時期台共的「叛亂」銜接起來。於是，在反共名義下對左翼運動進行的鎭壓，就具備了正當性與權威性。

戰後左翼運動發展史並不必然與中共或台共有直接關係，但在反共高漲的時期，幾乎所有被捕者都被歸爲共產黨的嫌疑分子，而且「中共」與「台共」兩個名詞也被混合使用來加罪被捕者。這是有原因的，一九五五年的共黨研究專家郭乾輝爲內政部調查局撰寫了《台共叛亂史》，對於台共的成長有如下的結論：「第一，在性質上，台共是共產國際的傀儡，它本身的存在，完全依附於共產國際的扶植；第二，在領導上，最先受命於日共，繼而由共產國際指揮，最後劃歸於中共，受中共的節制。」[32]這種簡單的解釋，不僅分不清台共與中共的不同，而且還把台共的領導權歸諸中共手上。這個解釋幾乎成爲定論。

在後來另一冊《台灣光復後之「台共」活動》書裏，也做了同樣的敍述：「日據時期的『台共』係以『日本共產黨台灣民族支部』的名稱結黨，並不是以『台灣共產黨』的名稱成立。當時，『台共』在組織上係隸屬於日共，領導方面係先受命於日共，繼而由共產國際指揮，最後劃歸於中共匪黨，接受匪黨的節制。台灣光復後之『台共』，則假以『中國共產黨台灣省工作委員會』之名稱成立，而不是『台灣共產黨』。它在組織上、政治上，均隸屬於匪黨。日據時期的『老台共』幹部都要經過嚴格的鑑別與審查以後，才能辦理入黨手續。」[33]日據時期的台共與戰後中共地下黨的組織，在這本書裏有較爲清楚的定義。不過，對於日據時期台共的領導權，在這裏又再次強調是由中共節制。這樣的觀點，無非是把國共內戰的政治經驗移植於歷史解釋之上。中共既然是叛亂的組織，則島內左翼活動又受其指導，因此，對台灣左翼青年的逮捕、槍殺，乃是對付叛亂組織的正當行爲。

戰後台灣左翼運動的發展，不全然是政治上的，更不全然與共黨組織有關。在社會運動、思想運動方面，具有左翼色彩的工作者也不在少數。但是，經歷了五○年代的血洗政策，有關這方面的了解就變得非常荒疏。至於台共的歷史解釋權，也完全拱手讓給國民黨。利用暴力、宣傳、教育，以達到支配人民思考的目的，本質上就是一種殖民主義。配合白色恐怖而來的，是長達四十餘年的戒嚴體制，這個體制延伸出來的權力支配，無異於日本的殖民體制。左翼史的討論，不僅落在官方手中，而且還落在情治系統的操控裏，歷史解釋權遂淪爲反共政策無可分割的一部分。

左翼史解釋權的復歸

台灣社會眞正有左翼史的討論，出現得相當遲晚。這是因爲殖民主義的長期控制，人民所有的發言權悉數遭到剝奪，歷史記憶如果不是受到壓抑，便是受到擦拭。在戒嚴體制解除之前，「左翼」一詞屬於高度的政治禁忌，「台共」一詞更不可能獲得探討。因此，左翼史的討論，其實是從海外開始的。史明的《台灣人四百年史》是這個領域的開山之作，書中對台共的討論也最爲詳細。

歷史記憶的恢復，並非只是在於尋找史實的重建而已，而應該是在歷史事件中發掘新的意義。在台共建黨的史實上，史明便提出了迥異於日共、中共與國民黨的觀點。他檢討台共〈政治大綱〉的台灣民族論，點出這個理論的眞正歷史意義。他說，台共提出的台灣民族論，「雖然難免有了一些過於教條的看法，或對於歷史事實誤認並記述潦草等缺陷，但從結論上看來，基於共產國際的指示而由日本共產黨起草，並也經過中國共產黨所承認（在建黨大會上中共代表彭榮對於這點並沒有提出任何異議而坦然把其承認）的『台灣民族論』，乃一針見血的，正確的概說著台灣社會與台灣人的現實。同時，從這『台灣民族論』也可以知道共產國際與共產主義者，並不把『台灣社會與台灣人』當作中國民族的一部分，而是以單一、整體的『台灣民族』來看待。因此，台灣殖民地解放運動的戰略路線，也直截了當的以『台灣民族獨立』與『建設台灣共和國』為當前的緊要任務及奮鬥目標，並在組織系統上乃透過做為日本共產黨的『民族支部』，而成為共產國際的世界革命系統的一部分」㉞。

史明不僅回歸到歷史事實，而且還回歸到歷史的文本(historical text)去解讀殖民地反抗運動的固有精神。這種方法突破了中共的篡改與國民黨的顛倒史實，也突破了政治現實所設立的思考枷鎖。在歷史解釋權的奪回工作上，史明跨出很大的一步。第一，他掙脫一般所謂領導權的有限格局，而直接指出中共自始就承認台灣民族的存在。因為，中共史家再三強調，是中共直接指導台共的成立，那麼台共在當時提出的台灣民族論，不但未受中共代表挑戰質疑，相反的，還得到了支持。第二，史明特別突顯台共的主體性，強調黨的成立乃是以單一、整體的力量加入世界革命的行列。這樣的解釋，超越了中共所謂的「領導台灣抗日運動」之狹隘說法，使台共的革命策略獲得較為開闊的視野。

史明又特別指出：「因為台灣共產黨是以『台灣民族』為台灣革命的出發點，所以台灣的殖民地民族解放運動就不可能成爲中國革命的一部分，也不是日本革命的一部分，而是單獨成爲一系統及一單位的『台灣革命』。」[35]這又是以回到歷史文本的方式，揭櫫台共革命的主要精神所在。殖民地知識分子最值得珍惜的氣質，便是抵抗精神。抵抗文化的建立，一方面是爲了抗拒殖民者所灌輸的價值觀念，一方面也是爲了維護殖民地社會固有的精神原貌。史明的歷史解釋，正好準確地表達了這樣的氣質。

對於台共覆亡的原因，史明也認爲是由於中共勢力的介入。他說，中共左傾冒進主義取代了謝雪紅堅持的「台灣革命」策略，終於導致台共的內鬨、分裂與潰敗[36]。這種解釋再次推翻中共所謂「協助台灣抗日運動」的說法。中共在台灣左翼發展過程，應負起破壞與分化的政治責任，而不是一味宣傳對台共的領導。

史明對台共「台灣民族論」的闡釋，自然引起中共的反駁與圍剿。然而，中共學者都不敢回到歷史事實去討論，反而以抽象的理論做爲演繹，企圖遁逃其歷史知識之貧乏[37]。不過，也正是中共以人海戰術來取代客觀學術，恰恰證明了史明之爭奪歷史解釋權是正確的。自一九八〇年《台灣人四百年史》出版後，在台灣已產生重大的影響，盧修一所寫的《日據時代台灣共產黨史》，無疑是以史明的史觀爲出發點[38]。

台灣左翼史的歷史解釋之所以能夠獲得釋放，當以戒嚴體制的崩解爲最主要原因之一。不過，長期潛藏於台灣社會底層的台灣意識，更是左翼歷史解釋的重要精神根據。歷經日據時期資本主義掠奪式的殖民統治，以及戰後國民黨軍事戒嚴鎮壓式的變相殖民統治，台灣意識反而被鍛鑄得更爲牢固。殖民地知識分子的政治意識，往往是經過壓迫而誕生成形的。台灣意識的塑造，正好是穿越了這樣的歷史過程。

殖民統治者企圖以他們的語言、思考，來取代被殖民者的聲音與價值觀念。一旦被殖民者喪失了歷史記憶與身分認同時，整個民族的命運就只能肆意供人擺布。這說明了爲什麼殖民者在歷史解釋權的問題上特別緊抓不放，因爲歷史解釋的起伏升降，代表了殖民統治者權力與知識支配的消長強弱。殖民體制崩潰之後，並不意味殖民者的思考方式從此就一去不返。事實上，被殖民者的價值觀念並沒有因殖民者的離去而擦拭了痕跡；相反的，許多行爲模式、文字聲音仍然深深烙印著殖民者的影子。

以台灣左翼運動史的討論來說，從戰前到戰後，不同的統治者都處心積慮建立有利於其統治基礎的歷史解釋。一個明晰的反抗運動，落在不同的官方史家手中，就變成了模糊的、未明的歷史事件。左翼運動史是台灣知識分子創造出來的無可輕侮的歷史紀錄，但是超過一甲子的時光已經流逝，台灣社會卻還未構築強有力的左翼史觀。即使到今天，中共史家仍然在這個議題上繼續進行侵奪挑戰。台共的歷史，僅是整個台灣左翼運動史的一小部分而已。然而，要了解台共的眞相原貌，卻還是那樣困頓艱難。殖民體制與戒嚴體制固然已經瓦解，但殖民心態與戒嚴心態並未消失，這是爲什麼左翼史的歷史解釋難以重建的主要原因。

大和民族主義與中華民族主義的抗衡，中國共產黨與國民黨的對峙，台灣意識與中國意識的交錯，這些都顯示台灣社會還未眞正跨入後殖民社會的階段。後殖民史學的建立，爲的是釐清殖民者的錯誤歷史解釋，也爲的是發掘歷史的眞正意義，更爲的是重新建立被殖民者的歷史意識。左翼政治運動的發展，本身就具備了強烈的批判精神，如果它的歷史仍然還受統治者恣意曲解，則批判精神將蕩然無存。重新開拓台灣左翼運動史的視野，必須從全新的歷史解釋做起。台灣後殖民史學的鑄造，應該是可以期待的。

註釋

❶有關社會主義之介紹到台，較爲簡潔的討論，請參閱黃琪椿《日治時期台灣新文學運動與社會主義思潮之關係初探（一九二七—一九三七）》（新竹：國立清華大學文學研究所碩士論文，一九九四），第一章第一節〈充滿社會主義氣息之台灣文壇〉以及第三章〈社會主義影響文學運動之途徑〉。

❷台灣總督府編《警察沿革誌》，現在改名爲《日本統治下的民族運動》（東京：台灣史料保存會複刻，一九六九），頁三七—三八。

❸同上，頁四二—四三。

❹蘇新〈蘇新自傳〉，《未歸的台共鬥魂——蘇新自傳與文集》（台北：時報文化，一九九三），頁四一。

❺同上。

❻有關台共東京特別支部的成立經過，參閱山邊健太郎編〈日本共產黨台灣民族支部東京特別支部員檢舉顛末〉，收入《台灣(二)》（現代史資料22，東京：みすず書房，一九七一），〈陳來旺聽取書〉與〈陳來旺、林兌、林添進等關係文書領置書〉，頁八三—九四。另參閱陳芳明〈林木順與台灣共產黨的建立〉，《台灣史料研究》半年刊，第三號（台北，一九九四年二月），頁一三二—一三三。

❼台共成立與列寧革命理論的關係，參閱陳芳明〈殖民地革命與台灣民族論——台灣共產黨的一九二八年綱領與一九三一年綱領〉，收入施正鋒編《台灣民族主義》（台北：前衛出版社，一九九四），頁二八七—三一六。

❽有關日共的成敗經過，參閱市川正一著，田舍譯《日本共產黨鬥爭小史》（北京：世界知識社，一九五四）。

❾參閱黃美眞、石源華、張雲編《上海大學史料》（上海：復旦大學出版社，一九八四）。

❿《警察沿革誌》，頁二四四。

⓫莊春火在中國活動的地區僅止於福建的廈門、漳州等地，參閱張炎憲、高淑媛等採訪〈一位老台共的心路歷程——莊春火訪問紀錄〉，《台灣史料研究》半年刊，第二號（台北：一九九三年八月），頁八一—九二。

⓬有關翁澤生在台共中所扮演的角色，參閱陳芳明〈台灣抗日運動中的中共路線——以台共「上大派」首腦翁澤生爲中心〉(上)(中)(下)，《台灣公論報》（洛杉磯，一九九〇年十二月三十一日、一九九一年一月七日、十日）。

⓭參閱陳芳明《謝雪紅評傳》（台北：前衛出版社，一九九一），頁九五—九八。

⓮蔡孝乾參加中共長征的經過，參閱蔡孝乾《江西蘇區・紅軍西竄回憶》（台北：中共研究雜誌社，一九七〇），〈小引〉，頁一—二；〈紅軍進城〉，頁三—四。

⓯中國共產黨在台灣祕密成立支部的事實，揭露於陳來旺在一九二八年所寫的〈台灣の黨に關する狀況〉，收入山邊健太郎編，前引書，頁一六四—六五。

⓰「改革同盟」奪取台共領導權的過程，參閱陳芳明《謝雪紅評傳》第八章〈從分裂到崩壞〉，頁一九一—二二五。

⓱黃師樵編《台灣共產黨祕史》（新竹州，一九三三），頁六七。

⓲同上，頁六九—七〇。

⓳日本戰後有關台共的研究，僅見於若林正丈〈台灣革命とコミンテルン〉，《台灣抗日運動史研究》（東京：研文出版社，一九八三），頁三〇一—三四。

⓴中共領導台共的說法，參閱劉大年、丁名楠、余繩武著《台灣歷史概述》（北京：三聯書店，一九五六），頁七二。又參閱陳碧笙《台灣地方史》（北京：中國社會科學出版社，一九九〇），頁二六四。

㉑蕭友三《台灣解放運動的回顧》（台北：三民書局，一九四六），頁三。

㉒有關蕭來福的晚年，參閱陳芳明〈找不到歷史位置的台灣人——蘇新與蕭來福〉，《台灣人的歷史與意識》（台北：敦理出版社，一九八八）。

㉓蘇新《憤怒的台灣》（台北：時報文化，一九九三），頁七八。

㉔蘇新《未歸的台共鬥魂》，頁四四。

㉕林木順《台灣二月革命》（香港：新台灣出版社，一九四八）。關於此書的出版經緯，參閱陳芳明〈林木順與台灣共產黨的建立〉，頁一二〇—二一。

㉖楊克煌《回憶二二八起義》（武漢：湖北人民出版社，一九五五）。書前有謝雪紅的序。

㉗楊克煌《台灣人民民族解放鬥爭小史》（武漢：湖北人民出版社，一九五六）。

㉘同上，頁一三〇。

㉙有關蔡孝乾的簡要傳記，參閱翁佳音〈安享天年的「省工會主委」蔡孝乾〉，收入張炎憲、李筱峰、莊永明編《台灣近代名人誌》第四冊（台北：自立報系，一九八七），頁二七一—八五。

㉚蔡前《日本帝國主義的殖民地台灣》（延安：新華書店，一九四二），頁四二。

㉛台灣青年參加中共地下組黨的事例，可謂不勝枚舉。參閱楊威理《ある台灣知識人の悲劇——葉盛吉傳》（東京：岩波書店，一九九三）。

㉜郭乾輝《台共叛亂史》（台北：內政部調查局，一九五五），頁四五。

㉝行政院法務部調查局《台灣光復後之「台共」活動》（台北：法務部調查局，一九七?），頁一。

㉞史明《台灣人四百年史》（加州聖荷西：蓬島文化公司，一九八〇），頁五八一—八二。

㉟同上，頁五八二。

㊱同上，頁五九二。

㊲中共學者對史明的圍剿，包括陳碧笙《台灣地方史》，頁三二一—二二；林勁〈從《台灣人四百年史》析史明的「台灣民族論」〉，《台獨研究論集》（台北：海峽學術出版社，一九九三），頁二四八—七七；以及

許南村編《史明台灣史論的虛構》（台北：人間出版社，一九九四）。

㊳盧修一《日據時代台灣共產黨史》（台北：自由時代出版社，一九八九）。另外，在大學的台灣史研究中，史明著作也受到很大的矚目，現在已有青年學生完成了一冊碩士論文，參閱吳明勇《戰後台灣史學的「台灣民族」論——以史明爲例》（台南：國立成功大學歷史語言研究所碩士論文，一九九四）。

國家圖書館出版品預行編目資料

殖民地臺灣：左翼政治運動史論＝Colonial Taiwan: historical essays on the leftist political movement, 1920-1931 / 陳芳明著. -- 二版. -- 臺北市：麥田出版：家庭傳媒城邦分公司發行, 2006[民95]
面；　公分. -- (陳芳明作品集. 文史卷；3)

ISBN 986-173-022-2 (平裝)
1. 政治運動—臺灣—歷史 2. 臺灣—歷史—日據時期(1895-1945)

673.228　　94024531